"数"の管理から"利益"の管理へ

S&OPで儲かるSCMを創る!

第2版

㈱クニエ SCMチーム［編著］

JN138250

日刊工業新聞社

はじめに〈第2版〉

　2014年秋の初版出版後、様々な方からご意見をいただき、この本が求められていたということを実感し少しホッとしましたのを憶えています。お陰様で売れ行きもよく、初版の増刷を経て、今回の改訂版の発行となりましたことを、心から御礼申し上げます。

　この背景としては、主に3つの理由が考えられます。①各企業における販売／生産／調整業務・業績見通といった計画業務の重要性の認知が増している、②比較的好調な景気動向が継続し、社内における改革意識や投資余力が高まっている、③類似書籍が多々ある状況ではない、の3点です。勿論、すべての業界業種業態でこのような状況ではなく、競争の激化や不透明感の増加などのマイナス要因が影響しているということも想像に難くありません。

　ここ数年でSCM/S&OPに対する理解も進んだと感じています。数量と金額の両方を鑑みた将来の計画とその変化監視をするという定義はかなりの速度で広まりました。予測が100％当たらないことが普通となっている中でも、仮説を起こし、予測を立て、その変化をシミュレーションして事前に策を想定しておくことは、企業にとって経営管理の点で今後も重要であり続け、SCM/S&OPは改革の大きな有効打として存在し続けると確信しています。

　また、この間の数年間で、我々へご相談をいただく業界業種業態にも変化が起きています。初版出版時点（2014年秋）での傾向としては主に組立製造業かつ競争が激しい業界の相談が多く見られましたが、ここ数年、プロセス製造業や比較的安定していると思われていた業界、さらには盤石であろうと思われる大企業や業界からの相談が増え続けています。産業全体をとらえて見ると、より上流に遡りより下流に広がるという変化や、より長くより大きく捉えたいといった変化を感じます。

　こういった変化は我々の業界のサービス内容にも影響を与えます。大

企業ゆえの特徴が異なる複数事業を跨った取り組みをどのように進めればいいのか、また、さらに進化を早めるIT関連技術の活用をどのように考えればよいのか、はたまた、過去に大きなSCM改革を行ったものの時が経ち人が替わり状況が見えなくなった段階でどのように再度の立上を行えばよいのか。難易度は増していると痛感しています。

結果的に初版の内容では触れていない部分や、別の業界に関する部分、そして記述があった部分でも変化がある場合はその点についての改訂の声をいただく事になりました。

よって今回の改訂では、元の構成や流れを踏襲しつつも上記を踏まえた内容の修正・追記を行い、さらに広くお読みいただける内容へと対応を行いました。主なポイントとしては、改革プロジェクトを始める際の立上部分、各所の業界追加部分、ITに関わる部分を追記しています。

ご一読いただいた後、是非自社にて参考にできる部分は無いか、ある場合は具体的にどのように何を変えればよいのかを検討していただきたいと思います。そして弊社へフィードバックいただければ大変幸甚です。

本書の構成は、まずありがちな状況や問題認識について述べ、次にどういった課題に取り組むべきであるか、またそれは従来のサプライチェーンに関する取り組みと何が根本的に異なるのかをまとめています。次に、具体的に進める際に陥りがちな盲点や実現の壁について、実例をもとにまとめています。

皆さんの会社で実際にプロジェクトを起こし、改革を推進していける流れとなっているため、常に机の前に置いていただき、様々な段階でその都度読み返していただける事と思います。

是非、従来のサプライチェーンへの取り組みに"儲ける為の仕組み作り"を加えていただき、現場の頑張りが収益良化という経営層への貢献、そして社会への貢献へと着実に繋がるよう、本書が一助となることを祈っています。

最後に、出版にあたり多大なご助力をいただいた日刊工業新聞社の藤井様、参考とさせていただいたクライアント企業の皆様、そしてクニエSCMチームと社内外でご協力いただいた方々にこの場を借り、御礼を申し上げます。

　平成30年　10月吉日

　　　　　　　　　　　　　　　　　　株式会社クニエ　SCMチーム

> "数"の管理から"利益"の管理へ
> S&OPで儲かるSCMを創る！
> 〈第2版〉
>
> 目 次

はじめに〈第2版〉.. 1

第1章 今、新たに考え直され始めたSCM

1 SCMへの期待値の推移.. 10
2 SCMに関する悩み.. 11
3 SCMプロジェクトの環境変化.. 17
4 SCMを進化させるためにまずはやるべきこと.. 21
5 企業におけるSCM取り組みの実際.. 24
6 SCMの計画系、SCP領域の重要性.. 27
7 SCMを積極的に進めた業界.. 30

第2章　今までのSCMは儲けを生んだのか？

1. 従来型SCMとは？ ……………………………………………… 36
2. 従来型SCMの事例：電機メーカー A 社 …………………… 42
3. 環境の変化 ……………………………………………………… 47
4. 需給調整の限界（組立製造業） ……………………………… 65
5. 需給調整の限界（プロセス製造業） ………………………… 69
6. 収益観点の重要性 ……………………………………………… 71
7. スピードの重要性 ……………………………………………… 73
8. SCMは経営に貢献しているか？ ……………………………… 75

第3章　S&OPを加えることでSCMはもっと進化する

1. SCM＋収益観点の取り組みとして近年注目を浴びているS&OP …………………………………… 82
2. なぜ日本では普及していないのか ………………………… 84
3. 本書で提唱するS&OPの定義 ……………………………… 87
4. 数量＋金額の考え方
   意思決定に必要な金額情報 ………………………………… 90
5. 読めない未来に迅速に対応する為のシナリオ想定 ……… 95
6. S&OPのパターン
   目的により目指すべきプロセス、KPIは異なる ………… 101
7. S&OPに対する近年の高まり ……………………………… 106

第4章 儲けを生むSCM/S&OPの始め方
―プロジェクト企画―

1 具現化する際のポイント・7つの軸 114
　◆上下戦略／◆プロセス／◆組織・人／◆評価・分析／◆外部／
　◆情報／◆システム

2 SCM/S&OPの成熟度レベル定義 123
　◆Level1：Standard　SCM 125
　◆Level2：Advanced SCM + S&OP 126
　◆Level3：Advanced S&OP 127

3 現状レベルの把握（診断） 129

4 目標レベルの設定 142

5 プロジェクトの予算化 146

第5章 儲けを生むSCM/S&OPの創り方
―プロジェクト実行―

1 プロジェクト実行のアプローチ検討 158

2 プロジェクト実行 177
　◆Task 1：プロジェクト構想 177
　◆Task 2：業務要件定義 179
　◆Task 3：業務トライアル 181
　◆Task 4：ITツール選定 183
　◆Task 5：システム要件定義・開発・テスト 184

- ◆Task 6：業務詳細設計 185
- ◆Task 7：ユーザー受入テスト・トレーニング 186
- ◆Task 8：移行 188
- ◆Task 9：稼働後フォロー 190
- ◆Task共通：ステアリングコミッティ 191
- ◆Task共通：外部企業の活用（コンサルティング会社、システムインテグレーター等） 192

3 プロジェクト評価（効果の想定と効果の実測） 195

第6章　プロジェクト推進の壁を乗り越えるコツ

1 SCM/S&OP改革プロジェクトで必要となる検討テーマ 204

2 事例にみる実現の壁 210

第7章　SCM/S&OP業務を支えるIT

1 SCM/S&OPプロジェクトにおけるITの必要性 236

2 ITの切り分け 238

3 SCM/S&OPパッケージソフトの活用 240

4 導入の際に直面するIT的な壁 245

おわりに 253

引用文献・参考文献……………………………………………………………… 257
監修者・著者略歴 ………………………………………………………………… 258

> **コラム**
> 日本人は熱しやすく冷めやすい？……………………………………… 33
> 同じ意味でも呼び方は様々？…………………………………………… 80
> プロジェクト名称はどうする？………………………………………… 111
> 困った発言が多い？……………………………………………………… 201
> ゲームでもベテランは若手に圧勝するのか？………………………… 233

第1章

今、新たに考え直され始めたSCM

1 SCMへの期待値の推移

　日本の製造業において、ここ20年の間に最も長期間、改革テーマとして挙げられ続けたものの1つがSCM（Supply Chain Management）と言っても過言ではないでしょう。

　製造業のモノを仕入れ、生産活動を行い、付加価値を付け、出荷するという流れは日本の国益に多大な貢献をし、戦後の高度成長を支えた中心的なものであることは筆者が言うまでもありません。また、今後を考えてみた場合でも、中心的役割を担うことは明らかです。

　ところがこの10年で数値で表せる製品のスペックの他に、手で触れた際の肌触りなどの感覚、目に入った際の色や形、さらに製品によっては匂いなどの感覚といったものの重要度が増してきました。また別の動向として、あえて最新・最高のスペックではない適切な（必要十分な）機能で、難解すぎず消費者に使いやすい製品を生み出している企業も出てきています。

　これらのより人間的で難しい製品が、SCM観点での改革要素にも影響を与えています。マーケティング領域での情報収集と解析の難易度が増し、商品企画への反映に迷い、結果的に商品の開発に時間がかかるようになりました。しかしながら一方、ニーズの多様化が進むことによりライフサイクルの短縮は目に見えて明らかです。よって、調達・生産・物流・販売といった製造業の内部活動への圧力が緩むことはなく、SCMに関する取り組みはすたれるどころか益々高度なものへと成長させていく必要があります。

　つまり、SCMは今までも今後も製造業にとって重要なテーマであり続けることは変わらないでしょう。しかしながら内容は変化してきています。ビジネスの状況が変わり、それを支える業務で必要な施策も変わる以上、これは当然のことと言えます。

2　SCMに関する悩み

　一口にSCMと言っても、領域が分かれます。予算や需要予測などの先を見通す計画系、生産・調達・物流などの実行を伴う実行系、販売後の修理や問合せ対応・定期メンテナンスなどのアフターサービス系、サプライヤー選定や長期パートナーシップの確立などの連携系などです。

　一昔前は、「在庫削減」や「納入リードタイム短縮」、または「週次化」といったキーワードを掲げて取り組んでいる例が多く見られました。しかしながら、昨今はそれらの取り組みを進めたにもかかわらず、実感としての効果が出ていないという声が聞かれます。上記のキーワードでは不足だということなのです。

　筆者は約20年にわたりSCM領域を中心としたコンサルティングにかかわってきました。同じSCMというキーワードを掲げた改革活動であっても内容は様々であり、かつ、時代の潮流のようなものの存在を実感しており、根本課題は大きく次の3点に分別されます。

外部環境	内部環境
グローバル環境における不確実性の増大（政治体制・経済政策・イノベーション）	グローバル拡大し、再編のたびに複雑化するサプライチェーンネットワーク
為替をはじめとする経済指標・金融市場の変動性の増大	EMS/OEMの活用拡大、人材不足など供給力確保の複雑化・不透明化
イノベーションの加速化による、ビジネス環境の変動性・不透明性の増大	IoT、AIなど最新テクノロジーのサプライチェーンにおける活用に対する曖昧な期待

SCMはますます不確実性が増す時代へ

図表1-1　SCMはますます不確実性が増す時代へ

①狙いと打ち手の整合

　そもそも、企業が目指すべき姿とSCMに関わる打ち手の整合が正しく取られている例が少ないのです。これはSCMには領域があり、施策を領域別に分別するということと、その領域別の施策の細分化が正しくされていないことに起因します。当初は整合が取れたものであっても、環境変化により不整合となっている場合も存在しています。

　結果的に、事業会社内でSCMに関する効果の実感が薄く、投資や人的工数の割には効果が出ておらず、どことなくイメージが悪い場合も多いのです。理由が明確に共通認識されていないと、改革プロジェクト自体が悪者扱いをされやすくなりがちです。

　しかしながら、SCMはメーカーにおける生命線であることに変わりはなく、改革テーマとして消えることはありません。ところが不満や疑念を持ちながら進める為に、その進みは遅く、改革の範囲や規模が小さいまま続けられることになるのです。

　よって、継続的に何かしらのSCMに関する改革は続けているが効果が出ない現実が多くの企業で見受けられます。

　これがSCMに関わる社員の悩みとなっており、今後も続けるべきなのかどうか、迷い続けることとなります。

　施策・打ち手の大小にかかわらず、狙いとどのように結びつくかの再確認が必要です。

　図表1-2はある企業での狙いと打ち手の連携図（例）です。最上段には経営層が意図している方向性があり、下段には実際の現場で方向性に沿う打ち手をまとめています。簡単であってもこのようにつながりを意識してまとめて絵にし、理解を深めることが肝要です。

第1章　今、新たに考え直され始めたSCM

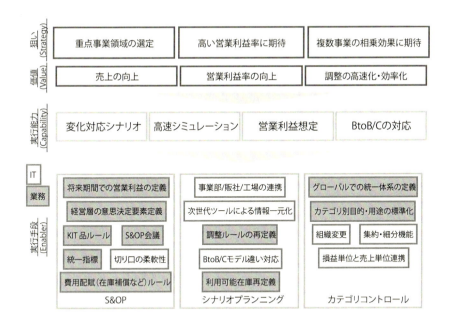

図表1-2　狙い手と打ち手の連携例

②狙い自体の適切さ

　当初打ち立てた狙いが、時代の変化に伴い、アンマッチとなっている場合が多くみられます。例えば統計的な需要予測に基づく需給の自動調整により、在庫を極小化することを狙っていることは、そもそも需要予測が当たらない現状では意味を持ちません。

　また、業務ルールの徹底や効率化による人員削減を狙うことは、アンロジカルな判断を要する現代にはそぐわず、逆に人員をかけるべきと言える場合が存在しています。

　過去の狙いの前提事項が、前提ではなくなっているのです。ステークホルダーが増え、需要の多様化が進み、グローバル化のプレッシャーを常に感じるような事業環境の変化がある昨今では、5年前に立てた狙いでさえ不適切となりやすいのです。

筆者のクライアントにおいても、4年前に大規模なSCM改革を進め、その後の大きな成長に寄与した物であっても、現時点で10年後を見据えた場合には不適切となり、SCMの再構築を狙っている企業が存在しています。それも1社ではありません。過去のプロジェクトが不適切だったのではなく、変化が激しいために、状況が変わってきているのです。

　自社の置かれている業界業種、また競合との関係、さらには製品自体のライフサイクルを考慮し、狙い自体の見直しが必要となります。

　なお、事業会社でのSCM推進部門での悩みでよく聞かれる意見を列挙すると下記のようになります。
- 効果が出ていない、もしくは出なくなってきた
- 異動等で推進者が変わり、過去の経緯がわからない
- さらに発展を進めたいが、具体的にどうすべきかわからない
- 課題が大小様々なものがあり、優先順が付けられない
- 今後のSCMへのITサポートのイメージが湧かない
- 他社事例を調べたが実際のところがわからない
- 経営層にとって終わったものであっても現場では継続している
- いつ、計画業務にメスを入れることが必要なのか決めづらい
- 物流業務などの実行系業務を改善しているが遅々として進まない
- 実行系と計画系の効果の差がわからない
- 過去プロジェクトへのIT投資は償却済であるが運用費が重い
- 全体最適になっていない
- 策定した業務ルールが守られていない
- 今のビジネスモデルに合わなくなっている
- 情報を集めたはずだが見えていない、または精度が悪い
- 人員が不足し、業務負荷が高い
- 関係者からのSCMへの要望が、欠品回避や在庫削減から、収益貢

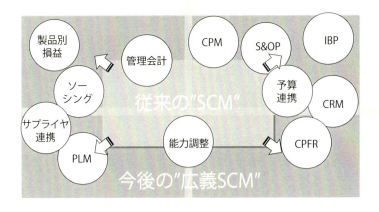

図表1-3　SCMの定義・範囲

献、顧客価値向上、全体最適から見たコスト削減など、あいまいかつ複雑になっている。

③SCMの次の一手への意識と計画

SCMは戦略であるというフレーズを時々耳にしますが、我々は手段と捉えています。よって戦略というよりも戦術でしょう。戦術はより大きな戦略によって変わるものであり、また、戦略に基づく戦術が1つであるはずがありません。

よって、他の関連する手段や、より大きな方向性や狙い（＝前述の②）といったものが大事になります。これがわかっているとSCM改革自体の目的化を避けることにもつながり、より意味のある活動となります。

SCM改革を進める関係者の共通意識として、SCM＝手段という意識を強く意識する必要があります。木を見て森を見ずといった状況になることを避け、視野を広く、より大きくより上段からの目線を意識するこ

とが大事になってきています。

　こういった意識が、改革プロジェクトの立上やその推進、また、その活動の実行を上申するためのネゴシエーション、さらには上位層や経営層の承認に繋がることになります。

　なお、SCMの定義・範囲も変わってきており、人によって違うことがあります。

　例えば、顧客接点部分を伸ばし、CRM領域まで含んで考えている場合や、サプライヤーなどの仕入先接点部分を伸ばし購買領域まで含んでいる場合、また、本書で触れる経営管理まで対象領域を伸ばしている場合、などがあります。

　様々な立場・背景により感覚のズレが生じるかもしれませんが、いずれも間違っているわけではありません。関係者と話す際は、そういった背景を想定した上で、自身と相手がどの範囲について話を行っているのかを意識しておく必要があります。

3 SCMプロジェクトの環境変化

　プロジェクトに関わる要素も以前のブーム時と変わっています。企業・業界業種によって差はあると思われますが、ヒト・モノ・カネ・情報の観点でとらえると説明がしやすくなります。

◆ヒト

　社員の知識レベルが上がっています。過去に取り組みを行った企業はもちろんのこと、大々的な経験値が無くとも雑誌やインターネット上の情報など、様々なところから知識を仕入れることができます。結果的に、SCMに関する経験値が上がっており、1から知識を入れなおす必要は下がっています。

　ただし、他社事例に関しては、SCMという改革の特性上、内容が深い為に十分に公開されていることは少なく、経験者の声を聞くことを要します。また、知識の偏りが存在している為、不足部分の確認とインプットは必要となります。

◆モノ

　SCMプロジェクトにはITのサポートを必要とする場合が多く見受けられます。企業で導入されているノートパソコンやデスクトップには表計算ソフトや文書ソフトがインストールされていると思います。また、大手ソフトウェアベンダーのパッケージソフトを使うこともあるでしょう。しかしこれらの機能や必要な環境は技術の進歩により大きく変わっています。プロジェクト開始の前に、新しい知識を得ておく必要がありますが、以前のイメージとは異なる高いレベルのITサポートが得られる時代です。

◆カネ

　過去にSCMプロジェクトを行った企業では実感されると思います

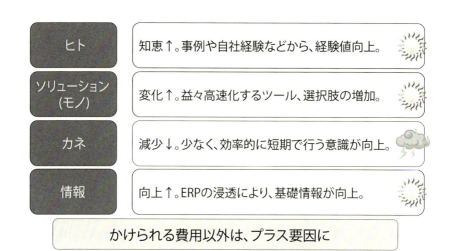

図表1-4　プロジェクトに関わる要素の変化

が、以前はプロジェクトに大幅な投資を必要としました。外部コンサルタントの活用・IT投資・取引先や仕入先などとの交渉等に費用を要した為です。しかしながら昨今では過去の知見を活かしたプロジェクト期間の短縮化やITの費用削減など、様々な面で投資コストを抑制することができます。

　もちろん、絞ればよいというものではなく適切なレベルでの投資を必要としますが、以前に比べれば格段に下がっています。

◆情報

　ここでいう情報とは、SCMで用いる各種業務的な情報のことになります。発注数量・生産数量・出荷数量・受注数量・販売数量、などの情報です。様々な製品をこういった様々な情報で把握し、それをトータルでコントロールする手段がSCMである以上、こういった基礎情報の精度が重要となります。しかしながらここ10年間でERPパッケージなどの導入により、企業活動の情報は以前とは比べ物にならないほどの精度と鮮度を持つようになりました。

以上を踏まえると、SCMプロジェクトに対する壁が下がってきていることがわかります。日々の業務活動で意識する内容ではありませんが、改めて考えるとプラスに働くものが多いことがわかるでしょう。

　ただしこれは一般的な状況である為、再度SCMに取り組む場合も、新しくSCMに取り組む場合も、こういった状況を踏まえて自社の状況を正しく棚卸すべきです。

　特に自社内で情報が不足しがちなITに絡むものや他社動向などは注意して情報収集を行うべきです。

　また、意外と障壁になりやすいのが人事異動による過去のSCMプロジェクト経験者の不在です。過去のSCMプロジェクト経験者が不在の場合でも、可能な限り関係資料や関係者に過去の取り組み内容を確認し、どういった点で難易度があがったのかを洗い出しておくことを推奨します。

　本書発行時の2014年から、これらの環境から大きく変わってきている流れがあります。それは、真逆の企業群・業界の取り組みの活性化です。そういった企業が取り組むSCMプロジェクトには違った特徴がみられます。

◆ヒト

　過去、SCMに関する大きなプロジェクトに取り組んだ実績がなく（もしくは非常に限定的な範囲のみ）、経験値も知識も不足しています。こういった場合には基礎知識の補填や意識付けの為の研修や啓蒙活動が必要となります。我々にもそういった依頼が多くなってきており、年に何度も行う活動となってきています。

◆モノ

　SCMに関する外部のパッケージソフトやITの進化には目を見張るものがあります。しかし、このような企業ではほとんどの場合、これらのツールが導入されていないうえに認知もされていません。まずは見て知る、試しに業務で使用していたExcelをIT化するといった体感が必要

となっており、大規模パッケージソフトの導入の足かせになる場合も多々見られます。

◆カネ

過去に取り組みを行った実績がない場合、改革に必要なコスト感覚がない場合がほとんどです。当然ながら情報収集や想定される効果から算定される投資可能な規模を情報としては持っていることもありますが、SCM改革に関するコストは差が大きく、自社でどの程度のものを想定するのかが難しいのです。これは狙いが定まっていない場合に多く見られ、よりプロジェクトの開始を阻害する要因になっています。

◆情報

SCMに関する情報にも見直しが必要な状況が多く見られます。現時点での業務はそれで何とかなっていても、改革をして上のステージに進もうとする際には情報として不足もしくは不備となっている場合があります。用語の定義、情報の定義から見直す必要性が多々出てくると考えておくべきです。

過去に取り組みと行っていた企業、これからの企業、と違いはありますが、いずれにしろ共通しているのは、現時点での自社のレベルがどの位置にあり、どのような環境下にあるのかを正しく把握することです。それがスタート時点での必須事項と言えます。

用語解説

ERPパッケージ：
Enterprise Resource Planningパッケージ。企業の持つ様々な資源（人材、資金、設備、資材、情報など）を統合的に管理・配分し、業務の効率化や経営の全体最適を目指すために導入・利用される統合型（業務横断型）業務ソフトウェアパッケージのこと。調達・購買・製造・生産、物流・在庫管理、販売、人事・給与、財務・会計など、企業を構成する様々な部門・業務の扱う資源を統一的・一元的に管理することで、部門ごとの部分最適化による非効率を排除したり、調達と生産、生産と販売など互いに関連する各業務を円滑に連携・連結したりする。

4 SCMを進化させるためにまずはやるべきこと

　まずは棚卸と整理です。過去のSCMに関する検討内容や施策実施内容を棚卸し、関連・整合性を検証するべきです。SCMの領域別に偏り、抜け漏れが散見されるはずです。その際、重要な観点が存在します。

- 課題棚卸のリーダーを定義すること（中心となるキーマンがまとめる）
- ヒアリングの前に、現時点で記憶している事項を書き出す
- 現業務担当にのみ聞くのではなく、元の担当にも聞く

　つまり、まずは日々貯められてきた問題認識や課題を記憶レベルでまとめるのです。何度も繰り返し出てきていることは、頭に記憶されているものです。その上で経緯を把握している元々の担当から情報を抜き出して穴埋めをし、直近の担当の感覚を付け加えていくことが大事です。

　こうすることで、真意に近い部分から周辺や表面的な問題・課題点を順にまとめていくことになり、ルートコーズ分析やロジックツリーといった形として表現しやすくなります。記憶されている事象・問題点の共有から始められるので、周りと協調しやすいというメリットも存在するのです。

　1点目のキーマンが中心となってまとめる意味は、整理の軸が複数にぶれることを避ける為です。いったん作成した後にダブルチェックを複数の人員で行うことは意味がありますが、棚卸・整理の段階では1つの頭で整理することが望ましいのです。SCMは領域が広く、テーマが発散しがちである為、留意すべき点となります。

　次に、今後やるべきことと施策の優先付けをします。まとめた棚卸結果を見通し、問題の大きさ・重要度・緊急度を元に優先付けをしていきます。この段で重要なことは、数値的な効果に縛られないことです。ま

た、SCMの各領域に分け、整理を同時に行っていきます。この作業を進める中で、いったん棚卸・整理されたものを集約し、本質的な課題が何かを感づくことができます。実行系領域に関する話題が多いのか、計画系領域に関する話題が多いのか、また、緊急度が高いものをクリアすると関連するほかのものに伝播するといった前後関係があるのか、といったことも間々見受けられます。

さらに、優先付けに関しては経営レベルの意志とつなげる意識を持つことが重要です。例えば、事業損益の悪化が最大の経営テーマである場合には損益を大きく圧迫する要因となるテーマが当然、高い優先度となります。現場からの声だけでは優先付けを間違える可能性があるのです。

経営層の意志を確認するには、コツがあります。現場の改善レベルの用語（例としては直行率の向上など）と、経営層が意識している用語（例としては製造コストの削減）を結びつけて言い換えをしながらヒアリングを行うことです。物の量的な話と金額的な話をつなげて確認することで、ヒアリング後の改革への盛り込みが行いやすくなります。

いったんまとめると、1つの気づきが得られると思います。当たり前のことが当たり前の整理をされるという点です。SCMに関しては突飛な改革テーマが挙がることは少ないものです。しかしながら完遂できないことが多くみられます。ここには、綺麗ごとではない事情が存在し、表面的な活動だけではなく様々な要素が複雑に絡み合うからです。チェックするには軸を持つことで、抜け漏れや意識づけに役立つ7つの軸が存在します（7つの軸に関しては後述）。

以下の例はある電子機器メーカーにて行った具体化の例です。前項での整理よりも細かく砕かれています。細かくすることにより、業務的に（人出で）対応するのか、システム的なサポートを要し、それによる改革を推し進めるのかなど、具体的な方法が見えてきます。具体的である為、効果の想定もしやすくなっていきます。

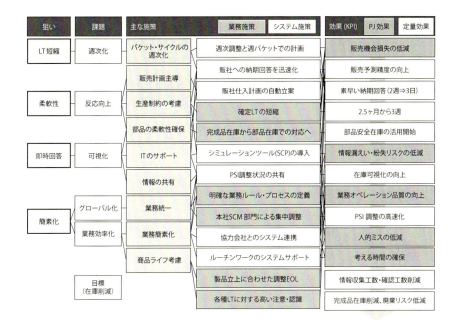

図表1-5 棚卸と整理の例

　最後に、施策実行の為の必要条件の洗出しです。「この優先度の高い施策にまず取り組む」と意思決定を行ったとしても、始める為の前提条件・必要条件がそろっていなければ意味がないのです。棚卸と整理の際に、過去に取り組んだが完遂に至らなかったテーマについて、特に必要条件の洗出しを徹底してもらいたいと思います。

　必要条件の洗出し時に最も大事なものは、下記です。
- 施策の前提となる施策との整合
- 施策の遂行に必要な人員の招集
- 施策によるBefore/Afterの見通し
- 施策の前提・遂行にあたっての実現度合の見極め

　理想論を語るのではなく、できる限りの現実解を持って洗い出しをしてもらいたいと考えています。

5 企業におけるSCM取り組みの実際

　日本企業は事例を好みます。しかしながら、事例を調べはするが、そこから如何に自社にとってうまみのあるものを抜き出し、真似をするかということが上手ではありません。かつ、SCMは業界業種や企業理念等に影響を受け、施策が企業ごとに大きく異なってくるのです。さらに、「本当にうまみのある部分」はそうそう簡単に公開するものではないのです。

　そもそも、SCMでは事例を真似ることが難しいのです。全くの競合企業の事例があればまだよいかもしれませんが、あったとしても企業の根底に関わる要素が含まれるために、詳細に公開されていることは非常に稀です。また、事例というのは、ヒト・モノ・カネという改革プロジェクトに関わるリソースの制約を受けた結果となっており、当初に目指した理想型になっていないものです。特に、SCMの領域の中でも計画系領域に関しては難しいのです。実行系領域であれば、発注伝票を受ければ受注伝票を登録するといったような、ある程度定型化された業務とすることができますが、計画系領域はそのようにはいきません。同時に複数の企業からの引合いを受けたが生産能力が不足しているような場合に、どちらに出すのかといったアンロジカルな人的判断を要すことが多いのです。よって、参考とはできるが真似をすることは非常に難しいこととなります。

　したがって、前頁で出された施策について、自社の判断軸を元に計画がされることとなります。「事例調査は行った」が、しかし「事例調査による各社取り組みの詳細・背景を存分に理解し盛り込んだ」という状態ではないのです。事例は大事ですが、あくまで参考値に留まらざるを得ず、結局は自社の文化や戦略・経営の意志に依存することに留意すべきです。

第1章　今、新たに考え直され始めたSCM

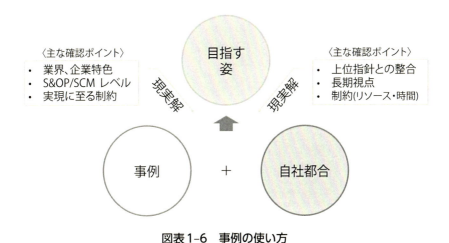

図表1-6　事例の使い方

　経営戦略などの上位観点を盛り込んだ施策の計画立案（ロードマップという）をどのように立てるべきでしょうか。ある事例では、利幅が小さい上に販売単価の下落が激しく、売上以上に利益の担保が大きな課題となっていました。よって利益を守るためにまず変化に対するブレーキを重視し、次にアクセルを踏むといった長期計画を意図しました。これが1つの例です。

　ロードマップの長さについては業界で異なる認識を持っています。

　例えば情報家電業界で立てるべき期間数と、製薬業界で立てるべき期間数が同じにならないことは想像に難くありません。業界内の競争状況や顧客からの期待値、また、製品ライフサイクルの長さや投資回収期間、さらに、経営計画の立案期間などを鑑みて立てるべきです。ただしあまりにも長いものになると現実味が無くなるため、傾向としては、3～5年間のロードマップが多いのではないでしょうか。

　ロードマップに関する注意点としては3点あります。1点目は、いったん書き起こし周知はしたものの、プロジェクト開始後の状況を鑑みた修正が適切にされず、絵に描いた餅となっているロードマップに長期的な存在意義は無いという点です。状況にあわせて修正・加筆を加え再周

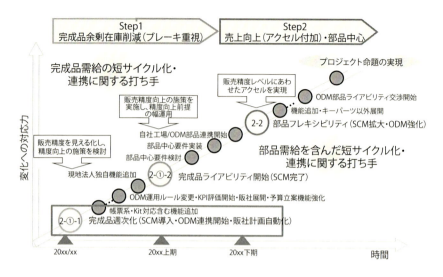

図表1-7　施策の計画立案例（ロードマップ）

知することを忘れないようにしてください。

　2点目は、マイルストーンを置くことです。長い活動となる場合もあるため、途中のステップを想定し、所々にマイルストーンを置くのです。進捗管理や改革が進んでいることの実感、さらに1点目の修正もしやすくなるでしょう。

　3点目は、業務とシステム、拠点と全社、自社と顧客、といったような2軸の設定です。関係する各所にもっともわかりやすく、かつ納得感のある軸の設定が重要です。

　また、SCMに関わる改革プロジェクトではITによるサポートが必要な場合が多くみられます。ITに関しても期待値を整理し、情報システム部門とも内容を共有しておくべきです。選ぶITツールよっては、ロードマップの中にいくつか置かれるであろうマイルストーンの位置に影響が出る可能性があるからです（代表的なITサポートについては後述）。

6 SCMの計画系、SCP領域の重要性

　前述の通り、SCMには領域が存在します。その中で昨今の環境変化の激しさの中、どの領域に注意すべきでしょうか。いざ実行の段となった際に対応を素早く行うことや、顧客への引き渡し後に手厚くサポートしブランドロイヤリティを高めることは重要です。しかしながら、それらは直前もしくは事後の対応となります。必然的に、対応できる余地は少なくなります。

　一方、需要を先読みし、当てることは至難の業です。ある製品群での先読みであればおおまかに当てることができる業界も存在しますが、一般的には難しいのです。2000年頃に流行ったロジックによる予測は一部の業界でのみ通じるととらえる方が正しいのです。では、先読みをせず、直近の受注に追随すればよいのでしょうか。答えはNoです。製品の完成・出荷の前に部材の調達行為が存在しており、そこには一定のリードタイムを要す為です。

　よって、当たらないとはいえ先読みをすることは避けられるものではなく、また、当たらない故に変化に追随する体制を構築することが必要になるのです。ここに、「シナリオ」という考え方が当てはまります。さらに、「シナリオ」の立案にあたっては様々な条件を加味したシミュレーション行為が必要であり、試行錯誤を伴います。複数の案を何度も書き換え、試し、修正し続けることが重要となるのです。先に複数の「シナリオ」を持っておくことで、状況が変わった時にも慌てず対応することが可能となります。いわゆる、「想定外」をできるだけ排除しておくことです。

　以上をまとめると、SCMの中でも計画系領域の重要さが増していくことがわかります。弊社のクライアントでもSCMの中の各領域別を意識している企業とそうではない企業が存在しますが、前者のクライアン

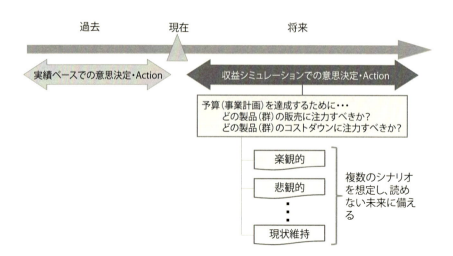

図表1-8　シナリオの必要性

トの方が、企業変革の道筋や複数年にわたる経営中期計画との連動がロジカルであり、取り組みもスムーズに進められています。

　計画系領域については、一昔前のSCMブームで認知され、取り組む企業が現れました。しかしながら十分な効果が得られていない企業も多く、日本国内においてはいったん下火となった感覚があるかと思います。その後、筆者は2006年頃よりSCM計画系領域の再燃を感じることとなりました。複数の企業からトレンドの問合せを受け、実際に構想を始めるクライアントが増えたのです。おそらく、過去に投資を行った企業が、減価償却が終わり、再度検討を行いだした為と思われます。
　しかしながら当時は「ITの入れ替え」が起因のアクションが多く、本来あるべきSCMの姿を元にした「次の世代へのSCM改革」ではない場合が多く見られました。この時期に、弊社コンサルタントも改めて今後必要なSCMのあり方を検討することとなり、前述の考え方に至ったのです。さらに、リーマン・ショックや自然災害などが続き、BCP観点からも着目されることとなりました。どうなるかを予測するだけでは

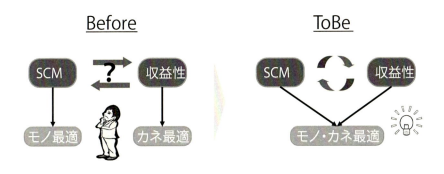

注文に応えても、儲けが無ければ意味が無い

図表1-9　計画系領域でのモノカネ連携の重要性

なく、時期がわからないものでも起こりうると想定される事象には先手を打っておく必要性があると考えられているのです。SCMを高速でシミュレートすることの実現には、ITサポートが欠かせません。製品数や地理的な要素に加え、計画系領域である為に未来の半年や1年といった期間を考慮しなければならず、扱う情報量が膨大である為です。ここにメモリ技術やクラウドといったIT技術の進化が寄与することとなり、昨今のプロジェクトでは、業務を遂行している人間が想像するよりもはるかにハイレベルなSCMの姿を目指すことが可能となっています。さらに、ニーズの多様化・競合との競争激化の中、収益に関する観点も見逃せません。顧客からの受注前の引合い段階で、どこまで収益が担保できるのかをシミュレーションする必要が出てきているのです。業界によっては製品の終売まで来た際に、ライフサイクルトータルで赤字であったということになりかねないのです。

　以上により、計画系領域の重要性はますます今後増していくと思われます。後述の事例とその検討の進め方をお読みいただき、実感していただけると信じています。

7　SCMを積極的に進めた業界

　SCMは言うまでもなく、調達・生産・物流・販売の一連の流れとなります。また、その全体のコントロールを、いざ実行に移す前の計画段階から行うことを意図しているのがSCMです。さらに、こういったコントロールが必要となるのは需要の動きが激しく、競争がシビアであり、かつライフサイクルが短い上に利幅も動きやすく薄い、そういった業界が主にスタートを切ってきました。

　日本では家電を初めとするエレクトロニクス業界やその周辺の業界がこぞって取り組みを始めました。日本にはプレーヤーも多く、顧客だけではなく部材の取り合いも起こります。よってSCMに加速がつきやすかったのです。

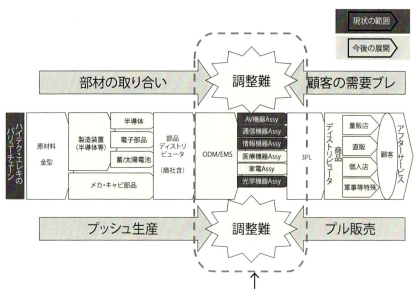

図表1-10　SCMを積極的に進めたエレクトロニクス業界

しかしながらその後の10年間を振り返ってみると、次第に検討を行っている業界が増えてきていることを改めて感じます。自動車業界、日用雑貨品を扱う業界、情報機器を扱う業界、そしてアパレル業界や製薬業界など、列挙するときりがないレベルです。

　さらに、製造業ではない輸配送の業界や商社業界、そして金融業界までもが意識をし始めています。これはSCMの次の考え方であるS&OPやブロックチェーンなどの考え方が背景に存在しています。

　一方、SCMを推し進める企業は同業他社の事例を参考としてきました。ここにも近年、変化が見られます。同業でない異業種の取り組みをも参考にする企業が次第に増えています。これはなぜでしょう。

　筆者が考えるに、自社の業界の先行きが不透明になってきている感覚があることや、自社のビジネスが様々な広がりを見せていること、さらには自社の顧客だけを見ていればよかったものが顧客の顧客まで意識せざるを得ない状況が増え、異業種でのSCMの取り組みを参考にすることが増えたのだと考えています。言い換えると、異業種であるからという理由で事例を参考としないことがしづらくなってきたとも言えます。

　また、サプライチェーンの考え方を読み替えてとらえ、取り組みをしようとする動きもあります。ある運送業者と議論をしていた際に思い浮かんだ施策です。

　一般消費者からの配送依頼（需要）と配送を行うトラックの配車（調達・生産）をサプライチェーンの制約ととらえ、電子部品を製造販売している企業での取り組み事例を真似、トラックの配送計画（供給）の立案に役立てられないかを検討しようとしています。

　今後は、製造業でなくてもSCMを主題とした取り組みが増えます。SCMという用語は使われて久しいですが、すたれるレベルではなく、むしろ内容や使われ方を変えながら今後もさらに広がりながら続くと思われます。

1章まとめ

　SCMに関する期待値や経緯、今後取り組むべき方向性について述べてきました。次章からはより具体的な考え方や事例を基にした活動内容を紹介します。個々企業においての取り組みの参考としてもらえればと思います。

　特に意識して見ていただきたいことは、本書の特徴でもある下記です。

- 目指すべき理想像とそこに至るまでの道筋、ロードマップの立て方
- プロジェクトを進める際に当たる実現の壁
- 計画系領域のプロジェクトと他領域の進め方の違い
- プロジェクトで留意すべき7つのポイント
- ITに実装すべき範囲の仕切り方

　いずれも、肌感覚でなかなかわかりづらい点です。各企業・各業界により多少の差はあるものの、本書を通じて少しでも認識された上でプロジェクトに当たってもらいたいと考えています。また、実際にプロジェクトを遂行され、追加で何かを感じ取られた際には弊社にフィードバックいただけると幸いです。

日本人は熱しやすく冷めやすい？

　日本人には、地道なことをコツコツと根気強く続け、少しずつ確実に成果を出していくというイメージがあると思います。日本のモノ作りを支えてきたのは現場の継続的な改善活動であることは疑いのない事実だということを見てもこれは真実でしょう。一方で欧米人は、革新的なアイデアに基づき短期的に成果を上げているようなイメージがあるのではないでしょうか。しかしマネジメント・管理面になると実はそうではないかもしれません。

　大手検索サイトGoogleのキーワード検索数動向で「SCM」を調べると、イメージとちょっと違った結果になっています。

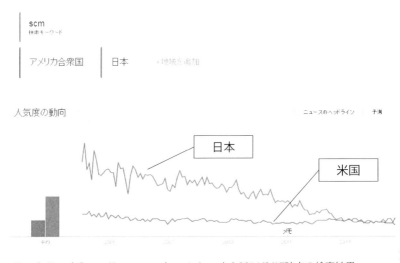

Google Trends(https://www.google.co.jp/trends/) 2014/9/17時点の検索結果

図表1　Google TrendsでみるSCMの検索数動向

図表1の上の線が日本における検索動向ですが、右肩下がりの線であることが見て取れます。一方下の線が米国での検索動向ですが、こちらはほぼ横ばいの線であることが見て取れます。つまり日本に比べ米国の方が根気強くマネジメントの改善活動を継続している可能性があります。
　また「CRM」、「BI」、「PLM」、「ERP」と言ったマネジメント系の関連キーワードの人気動向もほぼ同じ傾向があります。

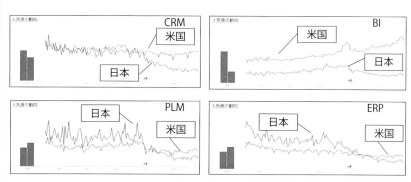

Google Trends（https://www.google.co.jp/trends/）2018/4/17時点の検索結果

図表2　Google Trendsでみるその他キーワードの検索数動向

　韓国企業が競争力を高めるために各国の主要企業を徹底的に調べた際に日本企業は技術面では優れているが、管理面では弱いと分析し、技術面は日本企業から取り入れることで補い、マネジメント・管理面を徹底的に強化して競争力を高めたという話もあります。日本企業の競争力を再び高めていくためにはマネジメント・管理面の地道な改善活動が重要なのです。

第2章

今までのSCMは儲けを生んだのか？

1　従来型SCMとは？

　1990年代後半から2000年代前半に流行したSCMは、企業やその企業グループ全体で取り組むべき経営課題を解決するものとして「全体最適」を合言葉に数多くの企業で実施されてきました。ある企業では、キャッシュフロー向上を目指し在庫削減の取り組みを実施したり、またある企業では、顧客満足度向上を図るため納期遵守率向上や欠品防止の取り組みを実施したりしていましたが、これらの取り組みを実施する手法として用いられたのがサプライチェーンマネジメント（SCM）です。

　在庫削減の取り組みを例にとると、まず生産部門は生産効率化を目指し工場の稼働率を上げることを考えるため、時として作りすぎてしまい過剰在庫となることがありました。生産部門側に販売実績や先々の販売

サプライチェーンマネジメントとは、
サプライチェーン上に存在する要求（需要）と供給のギャップを適切に
マネジメントし、過剰在庫や機会損失を極小化し、
キャッシュフロー効率をあげる経営手法のこと

↓ つまり

SCMの主な目的は、以下の5つ
①売上最大化 ②リードタイム短縮
③在庫最適化 ④コスト最小化 ⑤経営基盤強化

↓ そのために

営業・物流・生産・調達等の機能毎の業務プロセスを、
グループ企業内や、時にはグループ外（仕入先・顧客）も含めた
横断的かつ最適な業務プロセスの構築が必須

図表2-1　サプライチェーンマネジメント（SCM）とは

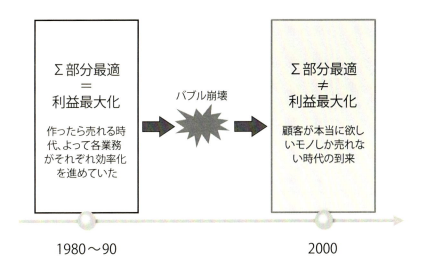

図表2-2　2000年前後のSCM取組背景

動向が正しく伝わらず、実需が下方トレンドであるにも関わらず、高い稼働率のまま生産し続けてしまったのです。逆に、販売部門は販売機会損失を嫌がるため、時として販売計画を高めに設定したり、また工場の納期遅延によって在庫欠品が生じるのを恐れ、安全在庫を高く設定したりし過剰在庫が発生していました。その結果、企業内の様々なところで在庫を抱えてしまう事態に陥りました。このような課題は、決して生産や販売それぞれ自部門だけで解決できる課題ではなく、複数部門や企業内、企業グループ内全体最適の視点で取り組む必要があり、それを支える仕組みとしてSCMという考え方が用いられました。

　では、SCMについて、少し解説しましょう。製造業を例にとると、製造業の主な活動とは、原材料や部品を調達して、工場で製品を生産し、倉庫に保管し、顧客に出荷や販売していくことになります。このモノの流れをサプライチェーン（供給連鎖）と呼びます。そして、このサプライチェーン全体を最適に管理・統制していく経営手法こそがSCMなのです。原材料や部品を調達する人、工場で製品を生産する人、倉庫

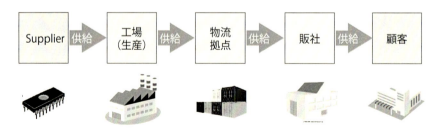

図表2-3　サプライチェーンとは

で製品や部品の管理をする人、製品や部品を運ぶ人、顧客に製品を販売する人、とサプライチェーン上にはたくさんの人や組織が存在します。その人や組織が個々にバラバラに判断し行動していると、サプライチェーン上の様々なところで無駄が生じてしまいます。そこで、調達から販売までサプライチェーン全体の視点で各組織を管理、統制することで無駄を省き効率化されたサプライチェーンを構築することが望まれます。それが正にSCMなのです。では、2000年前後に様々な企業で取り組まれてきたSCMプロジェクトはどのような取り組みだったのでしょうか。当時のSCMプロジェクトを見てみましょう。

SCMは先程述べた通り、供給連鎖を適切にコントロールすることが望まれています。そのため、当時のプロジェクトではまず需要を正しく予測し、その需要に対して必要最低限の在庫配置を考え、必要な量だけ生産し、必要な量だけ部品や原材料を調達する、というサプライチェーンの構築を考えていました。

需要を正しく予測するために、まず需要予測システムの導入に取り組みました。需要予測システムとは、統計的予測手法を用いて、過去実績のトレンドから将来の需要を自動で予測するというものです。この統計

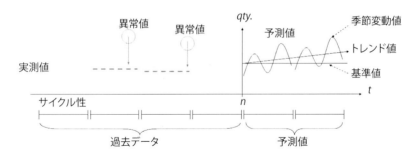

図表2-4　需要予測システムのロジック例

的予測手法も、様々な手法があります。主な手法には、移動平均法と指数平滑法の2つがあります。

　移動平均法とは、過去実績を平均値化し将来の予測とするものです。単純にそのまま平均値をずっと予測とするものだけでなく、その平均値に季節変動や傾向変動を加味したものもあります。

　指数平滑法とは、過去に予測した値と実績値を使用して将来を予測するものです。これらの手法は、実績を元に予測するため、過去の実績の確からしさが重要となります。過去の実績にキャンペーン特需のようなイレギュラーな需要が含まれていると、将来を間違って予測してしまいます。そのため、需要予測を行う前にイレギュラーな実績を取り除いたりする必要がありました。

　また逆に、本来なら売れるはずだったにも関わらず欠品をおこしていたために売れなかった場合、逆に実績を上方修正しないと、正しく需要予測しなかったりするケースもあります。この補正を、人手で補正するのではなく、標準偏差の考え方を使用してITが自動で除外するものもあります。このように予測のために、過去実績を補正して、それぞれ各企業が自社の需要予測にあった予測手法の研究を行い、需要予測システムの導入を行っています。

　次に、取り掛かるのが需要と供給を適切にコントロールするプロセス

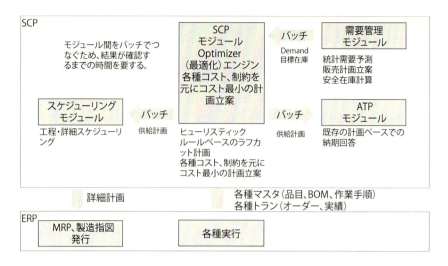

図表2-5　従来型SCMシステム構成

の構築、需給計画システムの導入です。まず、需要予測システムで予測した需要を元に販売計画を作成し、その販売計画に対して営業倉庫で持つ在庫数を計算し、仕入要求数を作成します。その仕入要求数を工場倉庫から営業倉庫までの輸送に掛かるリードタイム分オフセットして工場倉庫の出荷要求数に展開します。工場倉庫側では、この各営業からの出荷要求数を製品ごとにまとめ、工場倉庫で持つ製品の在庫数を計算し、工場で生産する数を作成します。

　また、工場内では、製品の生産数から部品の所要数にBOMを使用して展開します。ここまでが販売の需要を工場まで連鎖させるプロセスです。ただし、工場側でこの生産数の通り生産できれば、何も問題は起こりませんが、実際に部品を調達するために必要な調達期間は数ヶ月掛かるものもあり、工場が保持しているラインで生産できる数も上限があるため、工場側ではこの生産数通りに生産できない可能性もあります。そのため、工場側の部品や生産設備キャパシティの制約を加味しながら販売から連鎖された需要に対して供給できる数を調整しながら自動計画し

ていく需給計画システムを導入します。需給計画システムとは、先程述べた販売の需要を工場まで連鎖させ、工場でBOMを使用し必要な部品を計算し、部品の調達数や生産設備キャパシティの制約を加味しながら、どの製品を生産し、どの営業倉庫に供給するかを自動立案する仕組みです。

　また、販売計画に対して営業倉庫で持つ在庫数は、在庫削減を行いつつ、欠品防止に取り組む必要性があったため、統計学的に安全在庫数を計算する仕組みを多く採用しています。欠品しない範囲をサービス率と定義し、正規分布を使用して計算する方法です。サービス率は、需要予測の予測精度を元に決定している事例が一般的です。

　生産計画は、在庫削減を行いつつ、生産効率化にも取り組む必要性があったため、その両面のバランスを取るロットサイズでの生産や、ライン編成の検討を行っています。在庫削減を行うため、かんばん生産方式に取り組む企業も多く、ロットサイズ最小化を果たしつつ生産効率化を図るためにセル生産方式に取り組む企業も多く存在します。

　物流面での改革も行われています。在庫削減という目標を達成するため、リードタイム短縮を行いながら物流コスト削減にも取り組みます。リードタイム短縮は、輸送リードタイムそのものの短縮だけでなく、倉庫内でのマテハン削減等も行われ、自動倉庫や自動搬送機の導入も多く取り組まれています。

　これらが2000年前後の各企業のSCM改革プロジェクトで見られた取り組みですが、どのプロジェクトも需要予測ありき、かつITが自動で需給の最適解を導き出し、それを人手で微修正していくものです。そして、週次サイクルのような短サイクルでの計画立案が行われているため、計画担当者は経営者に計画の是非を確認する時間が取れない状況です。その結果、計画に関する権限は計画担当者に委譲されて運用されています。つまり、需給計画立案は、数量中心、かつ計画担当者中心で実施されていたのです。

2 従来型SCMの事例：電機メーカーA社

引き続き、当時のSCMプロジェクトの取り組み事例を紹介しましょう。

電気機器メーカーA社がSCMプロジェクトを実施した目的は、在庫削減であり、目標値は在庫を3割削減することです。A社が在庫削減を実施するにあたり、最初に目を付けたのが販社側の製品在庫の削減、つまり安全在庫計画の設定値を低くすることでした。そして、安全在庫計画を低く設定するための施策として、主に、『生販確定リードタイム短縮』・『物流リードタイム短縮』・『需要予測精度向上』の3つの取り組みを実施しています。

では、1つ目の取り組み施策、『生販確定リードタイム短縮』です。

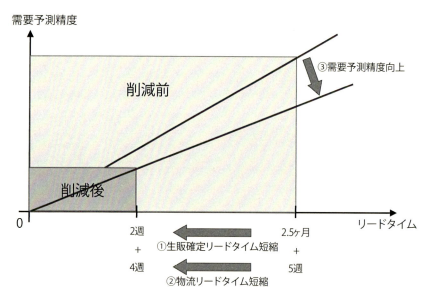

図表2-6　販社製品安全在庫削減の3つの施策

これまで、A社の生販は2.5ヶ月先の半月バケットを確定するという業務ルールを、2週先の確定に短縮することを目指しました。このため、従来月2回で行っていた生販サイクルを、週次サイクルに短縮することを実施します。

　A社が実現した週次生販サイクルは、月曜日から火曜日が販社による販売計画見直し、火曜日夜間にITが販社販売計画と生産制約（設備キャパシティ制約と部品制約）を考慮して自動で需給計画を立案し、水曜日にITの自動調整結果を踏まえ、販売部門・生販部門・生産部門が確認した上で計画の修正を行い生販確定する、というものです。そして木曜日に確定した需給計画に基づいて工場が生産日程計画を作成し、木曜日夜間にMRP処理を実施し、部品を手配します。

　これが週次生販サイクルの作業スケジュールですが、生販確定リードタイムが2週先、つまり翌々週の確定となるため、工場側は毎週木曜日に生産計画を作成し、翌々週の月曜日には工場倉庫に製品を入庫する、というリードタイムを実現する必要があります。木曜日の生産計画作成から翌々週月曜日の工場倉庫入庫まで8日間しかありません。

　これまで、部品手配については、長納期部材を除き、生販確定後に実施しています。2.5ヶ月先の半月バケットで生販確定した製品に使用する部品・材料をMRP処理にて必要量だけ手配しています。製造リードタイムも約10日間掛かっています。しかしながら、工場に与えられた期間はたった8日間です。工場側での改革は厳しいものでしたが、まず製造リードタイムの短縮に取り組みます。工場のレイアウト変更、段取り替えの短縮、平準化生産を実現し、従来10日掛かっていた製造リードタイムを5日に短縮します。内訳は、部品入出荷に1日、基板実装に3日、完成品組立生産に1日の計5日です。

　そして、翌々週月曜日の製品上がりから逆算していくと、部品入出荷は翌週月曜日となります。木曜日夜間にMRP処理し、翌週月曜日に部品入荷となるため、部品手配は事前に見込みで実施しておくことになり

ます。しかも、生販内示から生販確定になった際に需要が増えることも考慮し、部品は安全在庫を踏まえた見込み発注を行うように変更しています。

　しかしながら、この発注通りに部品を調達してしまうと、実際に生販確定する際に、販売部門からの生産オーダーが増えなかった場合、部品在庫が増えてしまうため、発注と納入指示を分割する仕組みに変更します。発注は部品の調達リードタイムに合わせて、安全在庫を加味した数量で実施しますが、実際に生販確定した必要な数量のみ納入指示する仕組みです。また、工場によっては、その部品安全在庫を部品サプライヤーの資産のまま自社部品倉庫に保持させるVMI（ベンダー・マネージド・インベントリー）を実施しています。いずれにしても、工場側は取引サプライヤーと交渉を重ね、増加しかねない部品在庫を抑えることを実現しています。

　次に、2つ目の取り組み施策、『物流リードタイム短縮』です。A社では年に1回、A社グループが使用する船便での輸送について、航路別の年間輸送物量をベースに各船会社に対して入札を行っています。これまで、どの船会社を使用するかの判断は、コスト最優先、次に輸送品質を考慮し、リードタイムはあまり考慮されていません。

　ところが、物流リードタイムは、輸送中在庫そのものに直接影響するだけでなく、販社の生販確定リードタイムにも影響します。そのため、A社では、リードタイムもコストや品質と同じ重みで判断するように変更しています。

　また、1つ目の取り組みの週次生販の仕組みに合わせ、船便のタイミングも考慮しています。A社が目指す週次生販は、週バケットで2週先の生産上がりを確定していくものです。このため、週末の生産上がりから、パッキング・バンニング・CY搬入までのタイミングに無駄が無く、出荷地側で在庫が滞留することが無い出航曜日の船を重視するように変更しています。このように、工場で作った製品を出荷地で留め置く

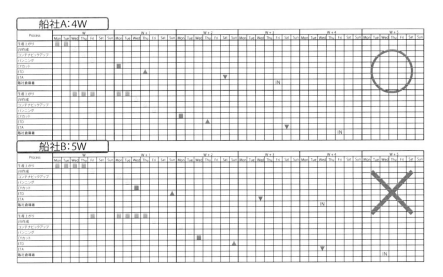

図表2-7 船社決定時のLTチェック表の例

ことなく、最速で販社に出荷する取り組みを実施しています。

そして、最後3つ目の取り組み施策、『需要予測精度向上』です。週次での生販サイクルと、生産部門の製造リードタイム短縮により、生販確定リードタイムが短くなり、また物流リードタイムも短縮され、販社の仕入が変更できるタイミングが短縮されています。

例えば、欧州販社で言えば、プロジェクト実施前が約4ヶ月の仕入確定でしたが、プロジェクト実施後は約8週先の仕入確定に短縮されています。販社サイドでは、元々4ヶ月や5ヶ月先の販売計画など当たらない、と諦めていた部分もありましたが、2ヶ月先の販売計画を当てればよいということで、需要予測精度向上に取り組んでいます。

内容は販社ごとに異なりますが、主な取り組みは、需要予測システムの導入です。A社の需要予測システムは、過去の販売実績から移動平均値を求め、製品ごとの実力値としてベースの値を作成し、それに季節指数を掛け合わせる方法を取っています。そのため、製品群毎に季節性を

分析し、季節指数を数値化しています。

　また、キャンペーンによる特需や、欠品による販売機会損失など、特殊要因を因果要素として分析し、過去実績に対して補正を掛け、将来予測できている特需を反映するようにプロセスを構築しています。このような需要予測システムを導入することで、A社は市場の実需を客観的に把握しています。需要を客観的に把握することで、営業部門の販売計画が高めに計画された場合に、客観的な需要予測数値との乖離分を把握し、適切な販促計画が検討されているか、営業部門の販売計画の意思は何なのかを確認し、在庫増のリスクを確認しています。

　また、プロジェクト実施前は、販売が予算未達の場合、営業部門長から販売計画を上げるような指示が頻発し、結果、余剰在庫の山となっていましたが、この取り組みにより、余剰在庫リスクが可視化され、余剰在庫の山となるようなことは無くなっています。さらに、余剰リスクがあったとしても営業部門長による販売計画積み増し指示が出た際には、営業部門長責任在庫として認識されるようになり、そのような指示が出ることに歯止めを掛けています。

　以上が主要な3つの取り組みとなりますが、これら取り組み施策を実施するために必要となるIT導入と組織再設計も実施しています。IT導入については、3つ目の取り組み施策である需要予測システムの導入だけでなく、生販の週次サイクル化を実施するために需給管理システムの導入も実施しています。そして、生販の仕組み・プロセスの見直しに合わせて生販関連組織の役割・権限についても再整理しています。

　また、A社では、これら3つの取り組み施策を実施し、販社の製品在庫削減を実現していますが、これは通常動きのある製品在庫に対しての取り組みのため、既に滞留在庫となったものは別途、削減施策を実施しています。

3 環境の変化

ここまで筆者が説明してきた通り、2000年代前半までに取り組まれていたSCMは需要予測ありき、かつITが導き出した最適解による需給計画立案プロセスを構築し、週次のような短サイクルで需給計画見直しをしていく取り組みが大多数を占めていました。しかしながら、昨今ビジネスの環境は、この当時想定していた環境に比べ非常に大きく変化しており、以下のような観点で大きく変わっています。

- グローバル市場における不確実性の増大
- 韓国企業、台湾企業、中国企業の台頭
- ライフサイクルの短縮化
- 多品種化・多様化
- EMS/ODMの活用
- 国内回帰を含むサプライチェーンの再編
- 進む販売拠点の海外拡大
- 再編により分断、移動される生産拠点
- M&Aや系列の希薄化による企業連携の変化

それぞれについて、具体的にどのような環境の変化が起こっているか説明します。

クローバル環境における不確実性の増大

「リスク」と「不確実性」という言葉があり、2つの意味の違いはよくご存じかと思います。リスクに備えること、つまりリスクマネジメントとは、過去の観測値から将来の発生確率を予測し、危機を避けるために将来に備えることです。楽観的ケースと悲観的ケースを想定して将来に備える「シナリオ」も同じ考え方です。

一方で、将来起きるであろう事象の発生確率が不明であるときに、不

確実性がある（高い）といいます。欧州や米国における政治体制や方針の想定外の変化、それに伴う経済政策の予想外の変化が、不確実性を増大させていると言われています。また、第4次産業革命の到来ともいわれる大きなイノベーションへの期待の大きさも、不確実性の増大の一翼を担っています。つまり将来に起きることが良いことであろうとも悪いことであろうとも、それがどれくらいのインパクトでどれくらいの確率で起きそうなのか、誰にも予測できない状況が、昨今の状況であり、不確実性が高い状況なのです。

日本の製造業に目を向けると、リーマン・ショック以降、漸進的な景気回復基調と共に設備投資金額は増えています。しかしながら、企業はそれに合わせて設備投資を増やす計画をしてきたかというとそうではありません。**図表2-8**に示す通り、先の設備投資計画は不明であると答える企業が年々増える傾向にあります。これは最後の意思決定を行うまで、設備投資計画の見通しがわからないことを示しており、企業が、いかに先行きが不透明であり、不確実性が増大していると感じているかを示すものと言えるでしょう。

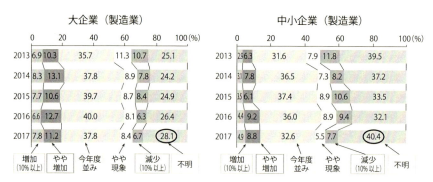

備考：1. 2016年10-12月期調査。
　　　2. 設備投資はソフトウェア投資を含み、土地購入額を除く。
資料：内閣府・財務省「法人企業景気予測調査」
出典：2017年度版ものづくり白書

図表2-8　年度別企業規模別設備投資見通し

つまり不確実性の増大によって、何らかの確実性で捉えられるまで決定を先延ばしする傾向、すなわちぎりぎりまで決められない状況が増えてきているのです。ぎりぎりまで決められないがゆえに、ある程度の確実性が高まってからの決断は、当初不確実なりに想定していた予定よりもブレ幅が大きく、そして短い納期要求になってしまいます。これが設備投資であれば工作機械メーカーを中心とする産業機械、上流工程であれば部品メーカーや素材メーカーが、この需要伝播のあおりをこれまで以上に受けることにつながっています。その結果、これまで以上に強いSCM改革への圧力の波が、川下産業から川上産業に押し寄せているのが、近年の傾向です。また、不確実性が増大すると想定外のケースも発生しやすくなり、過去の需要情報から将来の傾向を確率統計で捉えて準備する「シナリオ」の意味も無効になってしまう危険性を孕んでいるのが、今我々が置かれている状況なのです。

韓国企業・台湾企業・中国企業の台頭

2000年代前半に比べ著しく環境変化しているのが、韓国企業・台湾企業・中国企業の市場への新規参入です。これは、製品自体のコモディティ化が進んだ結果で、韓国企業や台湾企業、中国企業が市場へ参入する障壁が低くなったことに起因していると言われています。

特に、韓国企業は経営に関する意思決定が早く、事業の選択と集中、積極的な投資によって市場シェア拡大を図っていますし、韓国政府も国を挙げて企業を支援しています。2008年に起こったリーマン・ショックのような、全世界的に景気が悪化した時に、日本企業は新規投資を抑制しました。しかしながら、韓国企業は逆に景気が悪化している時にこそ積極投資を行い、景気回復時に一気に市場シェアを獲得する手法を取りました。

また、台湾企業や中国企業は安価な労働力を資本に大量生産を行い、

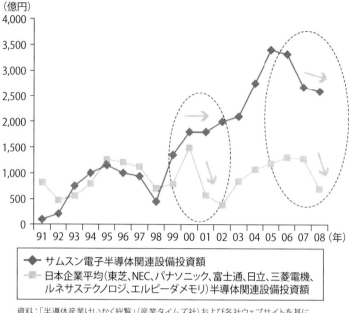

図表2-9　サムスンと日本企業の半導体関連投資額比

市場価格の低価格化を図り、市場シェア拡大を図っています。

　これまで、日本企業や欧米企業が市場シェアを占有してきた時代が終わり、市場に占める韓国企業・台湾企業・中国企業のシェアが増大してきています。

ライフサイクルの短縮化

　市場の競争環境がますます厳しくなっているため、各企業はこぞって市場での価値を高めるために、製品の切り替えサイクルを短くし、鮮度を高く維持する施策を実施しています。パソコンでは、従来1年ごとに新製品の市場導入が行われていたものが、半年や3ヶ月サイクルで行われるようになっていて、製品切り替えサイクルが非常に短くなっていま

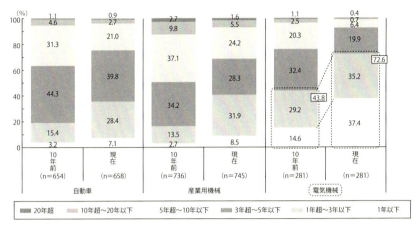

出典：2013年度版ものづくり白書　※2012年12月経済産業省調べ

図表2-10　次回モデルチェンジまでの平均年数

す。

　ライフサイクルが短くなったことにより、需要を読み間違えると、またたく間にライフサイクルトータルでの在庫を抱えてしまうことも起こっています。また、部品の調達リードタイムがライフサイクル期間を超えていることも発生しています。こうなると、ライフ全体での生産数は部品調達数で決まってしまうことも起こります。そのため、需給調整自体が難しい状況となっています。

　今後もライフサイクルの短縮化は進むと思われますが、逆に伸ばそうという動きも見られます。市場に十分に浸透しているものや技術的に習熟されているものについては、過度な新商品の投下が必ずしも売上の向上につながるものではないと考えられ始めています。**図表2-11**に示すように業種・業界によって、短縮化されるものと長期化されるもの、両方が入り混じりさらに難しさを増す状況が想定されます。

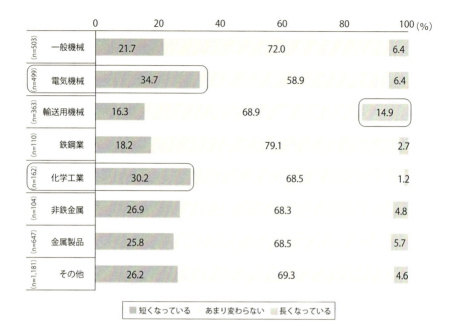

資料：経済産業省調べ（2015年12月）
出典：2016年度版ものづくり白書をもとに筆者作成

図表2-11　業種別10年前のライフサイクルとの比較

多品種化・多様化

　また、ライフサイクル期間を短くし鮮度を高めるだけでなく、市場でのシェアを獲得するもう1つの手段として製品バリエーションを増やすという取り組みも増えています。電気製品で言えば、色を単色から複数色に増やしたり、消費者が色の組み合わせを選択できるものも存在します。また、食品で言えば、消費者ニーズに合わせて味の種類を増やしたりしています。

　このように、各企業では多種多様な市場ニーズに対応した製品開発を実施しています。製品ラインナップを拡充し、安定した売り上げの確保や、安定した生産能力の確保につなげています。

　しかしながらバリエーションの多様化はSCM観点でとらえると難易

度をあげる要素が強く、よりコントロールを難しくします。最終製品でのバリエーションが異なっていても、途中の段階までは共通なのか、そうではないのかにより、管理の複雑さが変わります。新しくSCMの改革を行う際にもこの方向がさらに進むのかどうかをよく議論し、長期的な観点をもって改革に取り組む必要があります。

EMS/ODMの活用

　昨今、日本の製造業の収益構造は、スマイルカーブ現象と呼ばれる構造になってきています。

　日本の製造業は、事業プロセスの上流である商品企画や商品開発プロセス、下流であるアフターサービスやメンテナンスは収益性が高いが、中流の製造工程ではあまり儲けが出ない状況です。横軸に事業プロセスを上流から下流まで並べ、縦軸に収益性を取って作成したグラフの絵が、ちょうど人が笑っている口の形のように見えることからスマイルカーブ現象と呼ばれています。

　このように日本の製造業は製造工程での収益性が低いため、製造工程を外部委託するケースが増えてきています。従来の日本の製造業は、垂

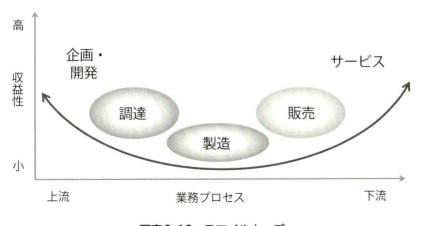

図表2-12　スマイルカーブ

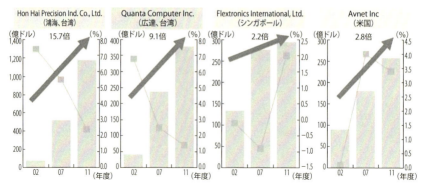

出典：2013年度版ものづくり白書　棒グラフ・左軸は売上高（億ドル）、折線グラフ・右軸は売上高営業利益率（％）

図表 2-13　主要な EMS/ODM 業績推移

直統合型と言われる企画・開発プロセスから調達・生産・物流・販売・アフターサービスやメンテナンスまですべてのプロセスを自社もしくは自社グループで実施している企業が主流で、それが強みでもありました。ところが、製造工程を自社で持つことで、市場での需要の変化の波（振れ幅）をそのまま製造工程が受けてしまうこともあり、元々収益性が低い製造工程の収益をさらに悪化させてしまう事態も発生しています。そのため、近年、垂直統合型から水平分業型に切り替え、収益性の低い製造工程を外部委託する企業も増えてきています。特に、台湾企業や中国企業による製造受託会社（EMS/ODM）に製造委託するケースが増えています。台湾や中国では、安価な労働力を武器に、製造工程を請け負うビジネスが増えてきています。

国内回帰を含むサプライチェーンネットワークの再編

　生産拠点の変遷の傾向としては、海外生産比率上昇にブレーキがかかっています。これはグローバルで拠点を広げている販売側とは対照的です。中国・日本からASEANへ拠点が移管される一方、国内回帰の動きも見られます。国内への設備投資が進むとともに、サプライチェーン

ネットワークの再編が見られています。

　2000年前半には、海外の拠点を立ち上げる目的がコスト削減で、さらにリスクを取って行うだけの人件費の安さがありました。しかしながら近年では、低労働コストのうまみが消え去っていくのと同時に、海外拠点を正当化する理由もコスト安から、地産地消といった需要側に寄せるといった考え方や、取引先との関係の近さを重視する、あるいは研究開発拠点と一体化する、など様々な理由が挙げられるようになってきており、拠点の決定の選択軸が多様化してきているのです。その中で、円安の影響、品質確保の必要性、熟練度の高い人材の確保という観点から国内に拠点を移す事例が増えてきています。**図表2-15**で示すように、今後海外拠点での生産が増えるという見通しは減少傾向にあります。今

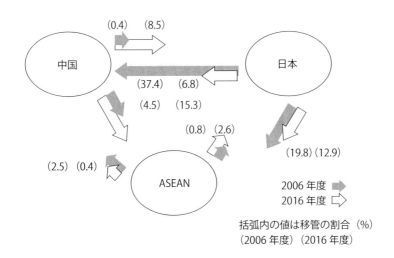

備考：1. 移管元、移管先は複数回答。
　　　2. 2006、2010年度はジェトロメンバーズのみを対象とした調査。
　　　3. 母数には拠点の再編を「過去2～3年間に行った」「今後2～3年間に行う予定」の両者を含む。
資料：日本貿易振興機構（ジェトロ）
　　　「2016年度日本企業の海外事業展開に関するアンケート調査（JETRO 海外ビジネス調査）」
出典：2017年度版ものづくり白書

図表2-14　日本・中国・ASEAN間の拠点の移管パターン図

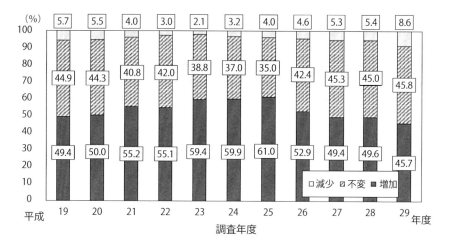

注) 増加:「見通し」-「実績見込み」>0、不変:「見通し」-「実績見込み」=0、減少:「見通し」-「実績見込み」<0、(例えば、平成29年度では、回答企業毎に「平成34年度見通し」)から「平成29年度実績見込み」を引いた値が、プラスの場合は増加、同じ場合は不変、マイナスの場合は減少)。
出典:平成29年度企業行動に関するアンケート調査結果 内閣府 経済社会総合研究所

図表2-15　海外現地生産比率を増加・減少させる企業の割合(製造業)

後は、技術情報流出の懸念や需要変動に対する柔軟性の高さ、為替変動そのものに対するリスク回避の観点から、国内の生産拠点が選択肢として挙がってくるものと考えられます。ここで重要なのは、国内回帰ありきということではなく、生産拠点について検討する項目があらゆる階層や領域で増えており、複雑化してきているということです。その結果、生産拠点が単なる生産拠点ではなく、特色を持った生産拠点になり、主管する組織も特定の事業部や、製品技術、生産技術など分散化する傾向にあります。これまで社内の人間関係で連携してきた企業ほど、こういった傾向により、SCMとして一気通貫して情報連携することが難しくなっていきます。

進む販売拠点の海外拡大

　マーケット拡大のため、企業の販売拠点のグローバル化が年々進み続

けています。最初に日系企業の「海外販社」について見ていきたいと思います。その役割は当然ながら販社としての位置付けによって異なるものの、ここでは製造業における一般的な海外販社を念頭に話を進めたいと思います。

　海外販社における販売計画は、各海外販社と本社や地域統括会社間でトップダウンとボトムアップの数値を擦り合わせる企業もありますが、実際には日本本社や地域統括会社が取引先の本社や地域統括会社と直接交渉を進めて販売計画を立てて、それが各海外販社へと展開される企業が多数派です。特に取引先企業も日系企業の場合には、実際の営業活動・商談が日本本社か地域統括会社で集中して行われ、各海外販社が現場で行っている業務は、取引オペレーションの実行やクレーム対応と実績報告が中心という状況になりがちです。

　しかしながら最近では、従来の取引先に加え日本では取引の無かった企業も含め各海外現地法人で取引獲得を進める事が増えており、この新しい取引の追加の分をどのように取り扱うかを検討する必要が出てきています。また、取引先が慣れている日系企業ではなく現地のローカル企業の場合は、発注の変更やキャンセルに対する考え方、契約の段階で内示の取り扱いなど条件交渉も異なるため、本社側ではなかなかわからない注意点が多数出てきています。

　その結果、販売計画立案の権限を販社側に移す事例が増えてきています。その場合には、日本人駐在員がローカルで把握した情報や現地取引先からの長期の発注予定数量を元にして、何とか数字を作って計画を立てることになります。しかしながら、計画に対して実績のブレが大きくなってしまったり、情報が遅く供給が間に合わなくなってしまったり、といったことが起きているのが実情です。特に新規取引先の場合には、「来年はこれくらい取引する予定だから宜しく」と最初から言ってくれるような現地取引先は少なく、あくまでも前年実績をベースに工場や本社から求められるような数量に合わせて数字を調整している企業も多い

ようです。つまりこれらは数量のみの情報で、そもそもの算出根拠となる情報が少ないため、このままでは予測精度を高めること自体が難しくなってしまいます。精度を上げるには取引先を回って情報を取得する必要がありますが、各海外拠点でそこまでの情報を現地従業員が聞き出す事は難しい地域も多く、日本人駐在員も少ない状況では自ずと集まる情報も少なくなります。

　販売計画立案だけではなく、SCMにおける販社の位置づけと役割期待に関する課題が、販売拠点が広がれば広がるほど増えてきています。例えば、海外販社での見積作業においては、日本本社の設計開発部門と工場へ仕様や納期について問い合わせをして待つという事を「日本語で」繰り返さなければ見積れないため、海外販社として主体的に動ける状況にないという会社も多く、日本人駐在員の人数が少なければさらにできることが限られ、対応のスピードや柔軟性がなかなか上げられません。また、改善活動については、その地域で生活し仕事をすることで、地域経済の広がりから感じる自社への問題認識はあっても、そこから課題を抽出し解決や改善に向けた対応をする余裕はない、目の前の業務処理を何とかこなすので精一杯、という状況を目にします。また在庫管理に関しては、工場から顧客への直送が中心の場合、急な要望には応えられず、販売機会を逃して、歯がゆい思いをし、在庫を持つことを要求している海外販社もあります。逆に在庫管理を海外販社として実施している場合は、急な要望に応えられる一方、本社主導で在庫が押し込まれるようなこともあります。どこかで良い数字を作る為に、別のところで泣いている拠点がある、というのは全体として見れば意味が無いとは言われればわかるものの、単に過去からの習慣としてきた行為が継続されてきています。

　このように、販売拠点の海外拡大に従って販社に対する期待値は上がっているものの、リソースや実行力に限界があるため、実行とのギャップが生じています。販社の数が増え、さらに地域統括会社を挟む

と組織の階層構造が深くなり、本社側からは状況が見えづらくなっています。販売拠点の成り立ちに歴史的な経緯などが存在するケースも多く、販社のSCMにおける位置づけや役割期待があいまいかつ複雑な状況になっており、明確な指針を現場まで落とし込むことが難しくなっています。

再編により分断、移動される生産拠点

次に、生産拠点の視点から見ます。本社や地域統括会社が取り纏めた上で共有される販売計画もしくは各販社から直接送られてくる販売計画は、会社としての希望的観測もしくは指示という位置付けの、目標としての「数量情報」と生産側ではみなしています。その結果、近い将来に変更される前提で取り扱われ、生産計画の参照情報にはしているものの、実際には特定の個人に依存した現場の「勘」で生産計画を調整しています。また、本社が立てた計画を元に一部の主要な原材料が本社のオペレーションとしてプッシュ型で製造工場へ届けられる場合は、製造工場側で計画している生産計画とは無関係に原材料が届くため、必要な原材料が届いていなかったり、原材料が早く届いてしまったために置き場所に困ったりすることが発生します。日本人同士なら直接連絡を取り合って連携したりするような業務遂行方法、よく言う「あ、うんの呼吸」での調整などができれば、良しなに事が運んでいたことが、海外生産拠点で現地ローカル採用の従業員が対応すると、理解不足やコミュニケーション不足が発生し、入荷した原材料を正しく管理できなくなったという事例もあります。

いま現在も、多くの海外製造工場の評価指標が「高稼働率」「歩留まり改善」「在庫削減」「原価低減」となっている中で、工場としては平準化を進めて歩留まりを改善して在庫削減を進めようとしても、緊急オーダーが多くピークが読めず部品在庫を持つ結果となり、通常納期で間に合わなければ無理に作って歩留まりが悪くなり、現場で進めていた原価

低減活動による効果も輸送手段として航空機などを使ってしまうと輸送費がかさみ、あっという間に種々努力した甲斐が無くなってしまう、というような悪循環からなかなか抜け出せません。

生産拠点における人依存のオペレーションにも限界が見えてきているのに加え、生産拠点の再編や移動に伴い、人依存で行われていたコミュニケーションベースによる調整も成り立たなくなってきています。

M&Aや系列の希薄化による企業連携の変化

顧客側・サプライヤー側共に、今までの関係がそのまま今後も続くとは言えない状況となっています。M&Aによる販売拠点の増強は王道と言えるものに既になっていますし、逆に製造拠点の子会社化や進出先との合弁による設立も目新しいものではなくなりました。昨今はこれらの解消までもが珍しくありません。

一方、系列の解消や希薄化が進み自由度が増す一方、取引先との関係強化を目指す動きも増えています。大手企業の複数サプライヤーが連携し供給能力を高めたり、逆にサプライヤーへプラットフォームを提供し企業城下町的なものを再度もくろんだり情報の連携強化に動くことも増えています。

企業間の連携の強弱が以前よりも変わりやすくなっている今、その変化に対応する素早さが求められていると考えて差し支えないでしょう。

変化する環境に業務プロセスは追いついているか

中国やASEAN諸国、東欧や中南米といった地域の企業の多くの工場は「安い労働力を使った生産拠点」という位置付けでスタートしており、日本で実施されているような高い人件費の中での効率的で高品質なモノ作りに向けた改善活動はローカル従業員だけではまだ難しく、機械による自動化の推進や現場オペレーションに効果的なITシステムの導入などについての検討はまさにこれから、という工場も多いでしょう。

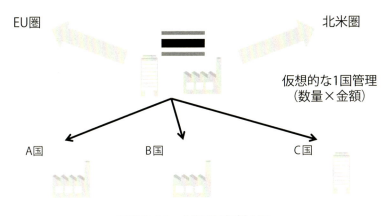

図表2-16　ASEAN仮想1国

　海外進出に歴史のある大企業を除き、「低賃金労働力による安い生産拠点」という発想が強い工場ではそもそも日本人駐在員が非常に少なく、ITシステムも会計システムがぎりぎりあるくらいで業務のほとんどはエクセルで回し、あとは労働集約的に生産活動を行っているのが現状です。

　このような現状の中でも、グローバルSCMの捉え方や考え方そのものは日々変化・進化を続けており、例えばハイテク業界などにおけるEMS/ODMの活用は多くの企業がこぞって同じモデルを検討・導入を進めたものの、しかし逆に供給のボトルネックになる生産制約がEMS/ODM側に存在することで自社では上手くコントロールできず、満足な需給調整が行えない状況になりました。最近では1つの企業の中でも工場の役割が国をまたがってグローバルに横断することで、上記と同じようなことがいま起きてきています。

　例えば、ヨーロッパで欧州連合（EU）が発足して関税や非関税障壁を撤廃し人の移動や投資を自由化する事で貿易を円滑化したことで、各企業は自社のマーケットや生産品の特性を見極めたうえで製造拠点や販売拠点を「EU域内で最適化」しようとしてきました。しかし2017年に

発表されたイギリスの欧州連合離脱（Brexit）を受け、EUの規約では離脱交渉期間は2年以内とされていることから現在は離脱交渉をしながら2019年3月までに完全にイギリスがEUから離脱する予定です。これを受け、製造業ではサプライチェーンの見直しを迫られており、イギリスに製造拠点を持つ企業は現地調達力を上げる事やEU域内に新しい製造工場の設立を視野に入れる必要があります。

また、共通通貨までは作る話は出ていないもののASEANでは1992年のAFTA発足から徐々に域内関税の撤廃を進め2018年時点で概ねすべての関税が撤廃され、さらに2015年にはAEC（ASEAN Economic Community）を発足し域内の基準適合や相互認証、労働者の移動の自由化などを実現して非関税障壁を低くしていく事で貿易を活性化し地域経済力の強化を進めようとしています。こういった施策によってASEANでも国を跨いだ地域をあたかも「単一の市場と生産基地」として経済活動を行える環境の整備を目標として、例えば1製品を作る場合に1工場で最終製品まで作るのではなく、手作業となる工程のみを低賃金労働力が見込めるような国で作り、高い技術が求められる部品だけ集中的に一つの工場で作れば、あとはマーケットや顧客に合わせて最適な地域に最終組み立て工場や販社を置いて、この経済域内で最適な調整を試みる、というようなサプライチェーンのデザインを描きやすくなります。

最近では域内の新販売拠点や新工場設立を、従来のように日本本社主導で行うのではなく、当該域内で既に歴史があり相応の経験者がいる既存拠点が主導して現地メンバーと少ない日本人で立ち上げを行う企業も増えてきました。これによって、域内の販売拠点や各製造工場の役割を集約または分散し、より効率的なサプライチェーンの実現に向け、域内のビジネス遂行経験や業務実行の成熟度の状況をより現場に近いところで判断しながら早く進めようという動きが出てきています。

しかし一方で、工程ごとに工場が分かれさらにそれが国を超えてグ

ローバルに分散している場合、特にボトルネックとなる行程の工場やキーパーツを作る工場におけるオーダー優先度の調整にあたっては、後工程の各工場や取引先や販売会社から「自分のオーダーは優先度が一番高いから早く対応して欲しい」とそれぞれの工場が訴えてくるため判断に困る（何をやっても別のどこからか文句を言われてしまう）ということが起きます。

　実際にあるお客様では、急きょ取引先の役員が海外現地製造工場を直接訪れその取引先向けの出荷を優先するようにとのプレッシャーを与えられた結果、それがそのまま現場の判断基準になってしまったという事もあります。もしくは、後工程の工場に頭の上がらない先輩がいるから依頼は断れないというような事も一つの判断基準として実際に現場で起きている話ではありますが、大声でそれを言える人はいないでしょう。もちろんそういったものは実際に求められる数量や問題なく融通が利く範囲であれば、物事を上手く進める為のバッファーにはなることもあります。

　ここまで企業を取り巻く外部環境と内部環境の変化を見てきました。グローバル環境における不確実性の増大や、市場環境の激化をはじめとする外部環境の変化、ライフサイクル短縮化やサプライチェーンネットワークの再編などの内部環境の変化が起きています。販売拠点の拡大や生産拠点の再編、M&Aや系列希薄化による企業連携の変化により、企業内外の関係性もめまぐるしく変化しています。それら内外の環境の変化をとらえて、新たなサプライチェーン上の施策が打たれています。そういった動きがある一方で、これまで見てきたように、販社の数は増えているのに、販社の状況が見えない状態が続いたまま改善のためのリソースが割かれないため、販売計画の精度がなかなか上がらず需給調整にますます苦慮したり、生産拠点が本社や販社の「意を汲み取って」対応することが難しくなる一方で、人依存のプロセスが残ったままになっているため人依存の生産計画ができてしまったりしています。本社が販

社の状況が見えないまま販社が要求する通りに供給数量を割り振ったり、工場がプレシャーの強い取引先から求められる数量を優先して生産したりしていては、現場レベルでの問題は解決するかもしれませんが、実際に「儲かる」という仕組みができているとは言えません。これは1つの事例にすぎませんが、環境の変化によってSCMにおける業務プロセスが今なお、本来の目的と照らし合わせて有効なのかどうか、定期的にチェックする必要があります。

4 需給調整の限界（組立製造業）

　2000年前後に流行した組立製造業のSCM改革プロジェクトは、必ずと言っていい程、需要予測精度向上が取り組みテーマの1つに挙げられていました。まず、先々の販売量（需要）の予測精度を高め、その需要に対して、在庫計画や輸送リードタイム・生産制約（設備キャパシティ制約や部品調達制約）を加味した上で、ITが最適解を計算し、需給計画を立案するというものです。つまり「需要予測ありき」でした。

　しかしながら、先程も述べた通り、日本の製造業を取り巻くビジネス環境は2000年前後から大きく変化してきています。市場の競合プレーヤーも増加し、消費者の選択肢が増えたことにより、市場の需要は不透明な状況となり、急激な市場での変化が起こりうる状況となっています。その結果、需要予測ありき、というSCMが機能しなくなってしまいました。需要予測ありき、という前提条件が崩れてしまったため、急激な需要の変化に対して、供給計画や生産計画の調整をその都度繰り

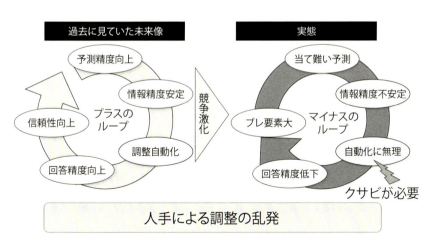

図表2-17　過去のSCM未来像と実態

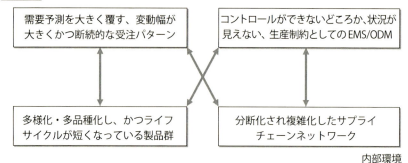

図表2-18 複雑に絡み合う要因

す状況となり、ITが導く需給計画が使えなくなってしまっています。つまり、ITで出した最適解が最適ではなくなってしまっている状況です。そして、いつしか需給調整は人手で、計画立案はExcel等の表計算ソフトで実施する、というような事態になってしまうのです。実際に、そのような需給調整を行っている企業は非常に多く存在します。

また、企業のグローバル化も急速に拡大しています。生産は目的に沿ってアジアを中心に適切な拠点に、販売は新興国も含めた全世界に拡大しています。その結果、企業内サプライチェーンも非常に複雑な状況となり、需給調整自体の難易度が上がっています。国内で生産し国内で販売していたころに比べ、輸送リードタイムも長くなっているため、市場の変化に追従することも益々難しくなっています。

製品自体も多品種化・多様化しているため、調整すべき品目や在庫ポイントも膨大になり、需給調整業務も膨大な負荷となっています。さらには、製品ライフサイクルも短くなり、需給のバランスを読み間違えると、たちまち余剰在庫となってしまいます。

業務の選択と集中により、外部アウトソースを活用しているケースの場合、例えばEMS/ODMを活用している企業の場合では、供給のボトルネックになる生産制約がEMS/ODM側に存在し、自社でコントロールできず、満足な需給調整が行えない状況にもあります。

不確実性の高い状況を打破しようと、2次請け、3次請けの部品メーカーが完成品メーカーに入り込んで、開発から販売まで手を組んで製品供給までつなげるケースも増えてきました。設計や技術のすり合わせはもちろんのこと、川下の需要情報をしっかりと掴むことで自社の供給を安定させるのも1つの目的です。しかしながら、様々に飛び交う需要情報に工場が追い付けず、川下企業からの受注のパターンが予測していた通りに来なかったため大量の受注残を抱えてしまうケースも存在し、対応に苦慮しているのが現状です。

このように、需給調整業務が非常に難しく困難な業務となる中、需給調整の現場では一生懸命調整を行っているわけですが、それが企業や事業の利益と直結した需給調整になっているかわからない状況となってしまっています。それは、需給の現場で行われている調整が往々として数量ベースで行われているからです。

これまでの需給調整は数量ベースで行われているため、供給数に制約がある場合、それぞれの販売拠点に対してフェアにアロケーションするケースが多く存在します。また、企業によっては、前回からオーダーしてきている販売拠点を優先する前回優先の考え方でアロケーションすることもあります。しかしながらそれが企業の利益を最大化するためのアロケーションかどうか、誰も判断がつかない状況です。フェアにアロケーションするということは、利益率の高い販売拠点も利益率の低い販売拠点も、同様の比率でアロケーションすることになります。

また、前回優先のアロケーションのケースでは、販売計画を増やしてきている販売拠点が、実は利益率が高いケースもありえます。その結果、利益率が高い販売拠点で販売機会損失を起こす事態が発生していま

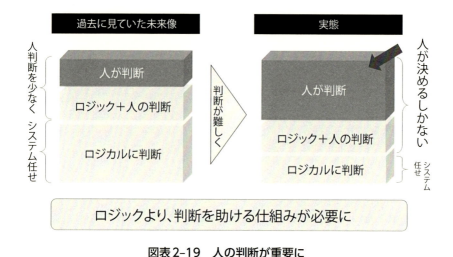

図表2-19 人の判断が重要に

す。もし、企業の利益を優先するのであれば、利益率が高い販売拠点を優先するアロケーションも必要かもしれませんが、現時点では、数量中心、計画担当者中心での需給調整が行われ、企業や事業の利益と直結した需給調整になっているかわからない状況となってしまっています。

　以上の状況から、要因が複雑に絡み合う為に、ロジカルに考えられること自体も減っています。よって、人が考える時間が重要なのです。これまでのITで出した最適解による需給計画ではなく、その都度、発生している変化に対する打ち手を考え、その打ち手を実行した場合どうなるのかを見極めながら需給調整を行うということが重要となります。そのため、ITにも変化をとらえる仕組み、今後起こり得る変化に対する人による判断をサポートする仕組みが求められています。

用語解説

アロケーション：
販売計画を満たすために必要な供給量、生産量に対し、生産キャパシティ、部品在庫欠品等の生産制約により、必要な供給量を満たせない時に、供給可能な数量を優先順位や重要度に応じて品目、地域に割り振ること。

5 需給調整の限界（プロセス製造業）

　プロセス製造業は装置産業とも呼ばれているように、製造するための設備・装置が必要になります。

　労働集約型の組立製造業が、安い土地と労働力を求めて、海外に工場を移設してきたのに比べて、資本集約型のプロセス製造業では、特殊・大規模・高額な製造設備・装置を簡単には設置できませんし、逆に一度、設置してしまった設備や工場を、そう簡単には、撤去したり、他拠点へ転用したり、ましてや他の用途への転用などはできません。そのため、設備投資には、より慎重さが求められます。

　また、財務的に見てみると、プロセス製造業も、組立製造業と同様に、コストに占める原材料費の比率が高く、重要な要素の1つではありますが、これは、市況の変化などの外的要因による影響が強く、自らがコントロールするというのは、大変、難しいものです。この面において、管理面で重視されているのが、工場や装置の稼働率です。稼働率の高低によって、一定期間当たりの製品のアウトプット量が増減しますし、何より、工場の最重要KPIである製造原価における、製造間接費（減価償却費等）の配賦率に直結します。

　以上のように、プロセス製造業では、組立製造業以上に製造面が重要視されています。需給調整においても、当然ながら需要を満たすことが最重要課題ですが、これと同等に、工場や装置の稼働率を一定率以上に保つことが重視されています。

　しかしながら、プロセス製造業を取り巻く環境も大きく変化してきています。

　従来の国内市場では長期契約により、安定した価格・需要量が維持されてきましたが、市場のグローバル化により、スポット契約等が増加し、需要量が読みづらくなってきていると同時に、要求リードタイムが

短くなってきています。さらに、素材製品の利用が多用途に広がり、多くの機能製品が求められてきています。

　これらの市場要求に対して、まず需給調整のオペレーションレベルにおいては、

① 工程外注等の外部パートナーの利用（自社資産を持たない＝固定費→変動費化）、より市場に近い場所への工場の設置などによるサプライチェーンネットワークの拡大と複雑化
② 短リードタイム・読みづらい需要に対して、一定の製造効率を維持するための在庫コントロールの重要性
③ 従来以上の営業や需要家とのコミュニケーションによる需要の安定化と需要変化の早期検出

　以上の3点が求められてきており、より組立製造業に近づいてきているという印象を受けます。

　また、従来の需給評価は、活動KPIのほか財務的な視点での評価も行ってきましたが、標準原価を基にしており、かつ前月までの実績が締まってから過去を分析することが中心でした。前述の市場変化に対応するために、以下の要素を満たす管理会計的な需給調整評価アプローチが求められてきています。

- 過去だけではなく、未来を評価
- 変動費・固固定費（効率性）両面を正確に評価
- 金額の裏付けとなる数量計画の正確さとその整合性確保
- 需給調整計画立案から管理会計分析レポート作成までのスピード
- 営業・供給・経営のトップが需要・供給・財務各計画を評価し、合意形成

6 収益観点の重要性

ではどうすればよいかですが、その答えは至ってシンプルです。需給調整業務に金額要素を盛り込むのです。やはり、企業はまず黒字であることが重要です。

会社が誰のものかを考えるとわかります。基本的に株主のものです。株主がいて、会社が成り立ちます。では、株主はなぜその株券を保有するのかですが、それはその企業から安定的な配当金を得るためです。赤字続きで配当金も出ない、もしかしたら倒産して株券が紙くずとなってしまうような企業には誰も投資しません。よって、企業は継続的に利益を上げる必要があります。

製造業にとって、需給調整業務はその企業・事業の良し悪しを決める

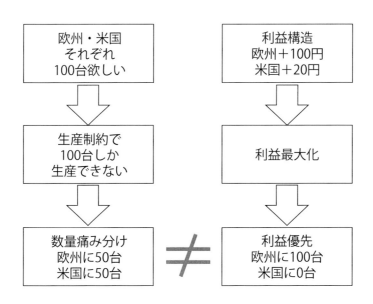

図表2-20　数量ベースでの需給調整≠利益最大化

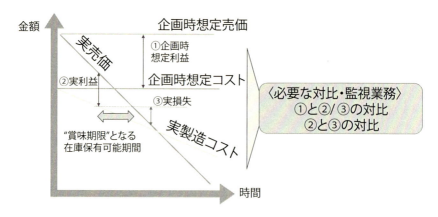

図表2-21　時間軸も含めた収益観点

要素の内、大きな部分を占めています。その需給調整業務が企業の利益と直結しない判断で行われている状況は、非常に危険な状況だと言えます。そのためにも、需給調整業務に金額要素、特に収益の観点が必要となります。

　今、行っている需給調整がその企業の利益に貢献できるか、仮に数量ベースで需給調整がうまく調整できたとしても、結果企業として損失を出しているのであれば、本当に上手く需給を調整できたとは言えないはずです。

　これを回避するには、作ったものがいくらで作られ、そしていくらで売られるのか、また、在庫している間の値下がりはどうなのか、という点を加味すると需給調整に収益観点を盛り込むことができます。これが今後必要となる大きな観点です。

7 スピードの重要性

すべての業界に当てはまるわけではありませんが、SCMの計画サイクルが短縮化されています。月次・週次のサイクルは以前より加速していましたが、昨今、より速いスピードを導入もしくは検討している企業が出てきています。日次もしくはオンデマンド（随時）まで必要になっている企業が出てきているのです。

このスピード化はなぜ進むのでしょうか。

主に、顧客からの期待に起因しています。しかしながら、顧客ごとに発注・引合い情報を提示してくる曜日が決まっていても、すべての顧客の発注・引合い情報の提示曜日が一致することはないため、受ける側としては日々、毎曜日に受注を行うこととなってしまいます。受注の都度、納期回答を行う必要も出てくるため、日次というニーズが高まっています。顧客側も特定曜日に決まって発注・引合い提示をしている場合ではなくなってきており、随時、情報が出せる際に出すようになってきています。

そういった業界では、いつ、顧客から情報が来るのかが不明です。し

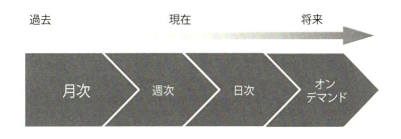

図表2-22　計画サイクルのトレンド

かしながら、いつ供給できるかの納期回答はすぐに求められるようになってきています。このような流れが強くなると、SCMの計画サイクルも決まったタイミングでやっていては遅くなるのです。週1回の計画サイクルであれば、顧客側からの観点では最大6日待たないといけなくなるのです。

　この問題を回避する必要がある企業においては、月次サイクルから週次サイクルへの変革、さらには、より高度な日次サイクルを目指して取り組みがなされています。

　日次化の取り組みについては、受注・Forecastの受領や受注に対する納期回答は日次で行うが、需給調整や生産計画は週1回実施する簡易日次サイクル型・実績取得のみ週次で実施し、計画見直しはすべて日次で行う計画立案日次サイクル型・計画見直しだけでなく実績取得も毎日実施する完全日次サイクル型と存在します。このような、より速い日次サイクルのプロジェクト事例は弊社の事例でも存在しています。

　計画サイクル短縮化の取り組みを徐々に高度化させ、さらには計画見直しのオンデマンド化を目指している企業も出始めています。

　今後は月・週・日といったようなサイクルでの調整から、随時・オンデマンドといった脱サイクルでの調整が出てくると考えています。

用語解説

オンデマンド：
月次・週次・日次など予め定められたサイクルでの業務、処理、手続きに対して、必要な時にいつでも実施できる業務、処理、手続きのこと。通常、計画の立案に必要となる各種情報の収集、計画立案業務は月次、週次等のサイクルで行われるため、サイクル外の変化、引合発生等に対しては追従できず、迅速な意思決定、調整を行うためにはオンデマンドでの対応が求められる。

第2章　今までのSCMは儲けを生んだのか？

8　SCMは経営に貢献しているか？

　SCMが本当に経営に貢献できているかを判断するのは、非常に難しいです。2000年前後に構築してきたSCMでは、数量中心かつ計画担当者中心での需給調整で、ITありきの需給調整でした。よって、経営者の事業に対する方針や意思というものと、需給調整の現場での意思決定とが乖離することも多く見受けられました。月に1回、経営者の事業に対する方針や意思を確認したとしても、それらの方針、指示はあくまでも金額での指示が多く、数量での指示ではありません。よって、需給調整の現場では、その経営者の方針や指示を元に何をどう調整すればよいかわからない、ということがよく起こり得ます。そのためにも、経営への貢献という視点で考えると、需給調整の世界に数量だけではなく、金額、特に収益の視点を盛り込むことが重要となります。

　また、収益性をSCMと組み合わせる場合、1つ1つの製品の動向を積上げるものとなります。つまり、複数の拠点・会社を持つ企業体である

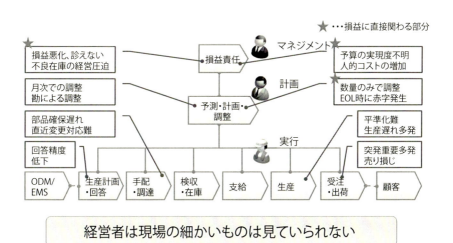

図表2-23　経営層と現場のギャップ

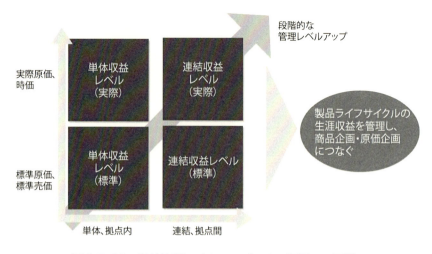

図表2-24　収益管理レベルアップによる経営への貢献

場合は、単体の収益レベルから連結の収益レベルまでをつなげて見ることが可能になります。ただし、未来の話である為に財務会計レベルでの算出はできない為、簡易的ではあります。

　これを現在の製品の動向だけではなく、次の商品の計画にまでつなげることが、経営に対しての強い貢献ともなるのです。

　それともう1つ、従来型SCMで構築したIT自体にも問題があります。当時構築していたITは、需給計画を立案する処理が夜間バッチによる処理でした。なぜ、夜間バッチだったかと言うと、単純にIT自体の計算速度が遅かったため、人が働かない夜間に処理させていたためです。このため、経営者から需給計画に対する指示があったとしても、担当者が計画立案するための処理に時間が掛かってしまい、経営者の指示にタイムリーに対応できていない状況です。複数のシナリオ（計画）を想定しておきながら、臨機応変に対応する、という機能もありましたが、そもそも、1つのシナリオ（計画）を立案するのに非常に処理時間が掛かっていたため、実際には使えない機能となってしまっています。つまり、当時のIT自体、人間が考える理想形を実現できていないもの

でした。

　また、経営への貢献という意味で、もう1つ重要なことがあります。それは、想定していた効果が本当に出ているかどうか、ということです。これまで実施されてきたSCMプロジェクトにおいて、想定していた効果が出ていないという話をよく耳にしますし、これまで数多くのSCMプロジェクトが失敗に終わっているという事実もあります。では、なぜSCMプロジェクトで想定していたプロセスを構築したにも関わらず、効果が出ていないのでしょうか。それは、SCMプロジェクトの効果は、構築された新たな業務プロセス自体の定着化と業務部門自体のレベルアップが行われて、はじめて効果が出るからです。ITを活用した業務がしっかりと現場に定着し、その現場での業務が日々レベルアップし、その結果として経営に対する効果がやっと現れます。

　言うまでもなく、プロジェクトを起こし、新たな業務プロセスやルールの導入、サポートとなるITを導入することはHowとなります。よって、導入のみでは現場業務にて変化を感じることはできたとしても、事業へのプラス効果や経営視点での実利に結びつくことはありません。

　プロジェクトの実行結果を事業・経営への実利へつなぐコツは以下の

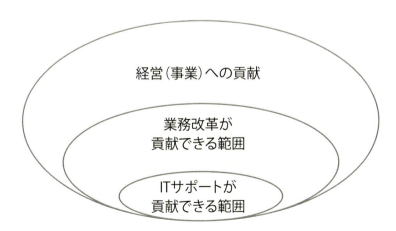

図表2-25　経営への貢献と業務改革・ITサポートの関係

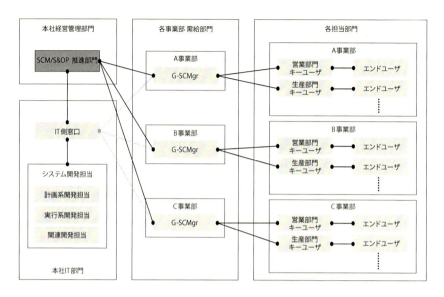

図表 2-26　業務プロセス維持組織の例

ものになります。
- "なぜ" プロジェクトで起こした変化点や決定事項がそう定義づけられたのかの背景を風化させない
- "定期的に" プロジェクト中に決めた推移を測る KPI について監視し、想定通りに改善が進んでいるかを追う
- 現場と別の部署（例えば経営企画など）に改革推進部門を置き、次の改善内容を検討し続ける

ただ、これらは非常に難易度が高く、実現できている企業は限られたところになります。

また、経営に対する効果を得ることは、その企業自体の実力そのものに大きく影響されます。読者の企業でSCMを実践する際には、是非、

そのことを念頭に置いて活動することを勧めます。そして、日々ビジネスの環境は変化している状況でもあります。その環境の変化に合わせて、業務プロセス自身を常に見直ししていくことが重要です。そのためにも、自社のSCMプロセスを管理し、必要に応じて見直ししていく部署を設置しておくことも重要です。**図表2-26**はある企業の組織関連図です。本社経営戦略部門にSCMやS&OPの推進機能があり、そこで各事業でどのような状況なのかを第3者的に監視し、必要な打ち手を企画、指導しています。

2章まとめ

本章で説明してきた通り、2000年前後に実施されてきたSCMプロジェクトは、需要予測システムありき、かつITが導き出した最適解による需給計画立案プロセスを構築し、週次のような短サイクルで需給計画を見直ししていく取り組みが大多数を占めていました。しかしながら、昨今のビジネスの環境は、グローバル環境における不確実性の増大、ライフサイクル短縮、多品種化・多様化、EMS/ODMの活用、複雑化していくサプライチェーンネットワークなど、非常に大きく変化し、2000年前後に考えていたSCMの想定が完全に崩れてしまっています。さらに、その結果として、数量中心・計画担当者中心の需給調整の限界が来てしまっています。

この従来型SCMの限界を解決する方法としてSCMに収益観点を盛り込むことの重要性を説明してきましたが、このSCM＋収益観点の取り組みとしてS&OPと呼ばれる考え方があります。3章では、このS&OPという考え方について、少し詳しく説明し、如何にS&OPが従来型SCMの限界をブレークスルーする方法であるかを理解いただき、参考にして下さい。

同じ意味でも呼び方は様々？

　SCM/S&OPの業務では様々な業務用語が用いられますが、一度聞いたら忘れられないような各社特有の業務やシステムの呼称があったり、同じ意味でも企業の考え方が影響し、異なる言い回しとなっていたりすることが多々あります。

　代表的な用語に、生販在計画があります。本やインターネットでは、生販在計画もしくは生産（Production）、販売（Sales）、在庫（Inventory）の頭文字をとってPSI計画としていることが多いです。しかし実際はIPS、ISPあるいはIOS（In-Out-Stock）と他の名称で呼ばれているケースもあれば、生産、販売、在庫の各種計画は業務として存在するけれどもPSIといった呼び方はしない（むしろピンとこない）ケースもあります。

　「この呼び方は正しい（一般的）でしょうか？」と質問を受けることがありますが、各社の業務に浸透し実際に使われている言葉ですから、いずれも正しいのです。その企業の特徴や業務的な背景が、用語に自然と反映されているのです。

　例えば頭にI（在庫）が付く呼び方をされている場合、特に在庫リスクに注視した運用を行っているという考え方が影響しています。また、商社機能である為に仕入（Purchase）を使い仕販在となるなど、その企業や拠点の特性にも影響を受けると言っていいでしょう。

　この他の用語として、セイハン（生販/製販）も同じようなことが言えます。組み立て系の製造をしている企業は製販を使っているケースもあります。

　皆さんも思い当たる用語をお持ちではないですか？プロジェクトを変化のチャンスととらえ、思いを用語に反映することも意味があるかもしれません。

第 3 章

S&OPを加えることで SCMはもっと進化する

1 SCM＋収益観点の取り組みとして近年注目を浴びているS&OP

　収益観点を念頭においたサプライチェーンマネジメントに興味をお持ちの方は、既にこの単語を耳にしたことがあるかもしれません。本章ではS&OPの概要について理解していきましょう。

S&OPの起源　実は歴史が古い

　日本ではここ数年で取り上げられる機会が増えたS&OP。世界的にも最近提唱されているのでしょうか？

　実はS&OPの歴史は約四半世紀前にも遡ります。MRP・MRPⅡの父であるオリバー・ワイト氏のコンサルティング会社であるオリバー・ワイト社によって、1988年に提唱されたのが起源と言われています。

　2000年前後に日本で普及したERPやSCMよりも古い歴史を持つというのは意外な印象ではないでしょうか。既に欧米では普及済であり、時代とともに進化を遂げている需給マネジメントのコンセプトなのです。

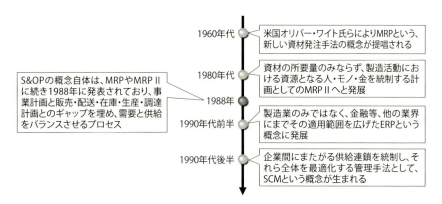

図表3-1　S&OPの起源

欧米でのS&OP　トップダウンアプローチ

それでは、欧米でのS&OPについて特徴を掴んでいきましょう。

米国の生産在庫管理協会（APICS）では、S&OPを以下のように定義しています。

〈生産在庫管理協会（APICS）におけるS&OPの定義〉

「新規および既存のプロダクトについての顧客志向のマーケティング計画を、サプライチェーンマネジメントと統合することで、継続をベースに競争優位性を達成するために、マネジメントにその事業を戦略的に方向付けする能力を与える、戦術的計画を創出するプロセス。そのプロセスは事業のためのすべての計画（販売、マーケティング、開発、製造、調達、そして財務）を一連の統合された計画にまとめる。それは最低月に1度行われ、集合（商品群）レベルでマネジメントによりレビューされる。

そのプロセスはすべての供給、需要、そして新商品計画を、詳細レベルと集合レベルの双方で調和させ、そして事業計画に連携させなくてはならない。それは決定された会社の中期計画書であり、リソースを計画するため、そして年間事業計画プロセスを支援するのに十分な期間をカバーしている。適切に執行されると、販売生産計画プロセスは継続的な改善のために、事業戦略計画を、執行とレビューのパフォーマンス測定にリンクさせる」。

つまりS&OPとは、事業計画（経営層）と需給計画（業務層）の連携をとることで、双方の認識を共有する活動であり、先々想定される課題を予算やKPIに反映させる役目も果たすのです。

欧米の事例では以下が特徴として挙げられます。

- 経営層が主体のトップダウンアプローチである
- 予算を意識しているため中長期を対象としている
- SKU単位ではなく製品群レベルでの把握を行う
- 需給計画では販売計画を重視、生産の制約を厳密に測ることは少ない

2　なぜ日本では普及していないのか

　MRPやERPの概念・手法は日本でも普及し、多くの企業で実際に使用されて定着しています。それに比べ、S&OPは言葉としても、実務としても普及しているとは言えません。20年以上前に提唱されたS&OPがなぜ日本では普及していないのでしょうか？　その原因は日本のSCMへの取り組みに対するアプローチや、需給計画（生販会議）の存在にあると考察しています。

アプローチ起点の違い
　日本の場合、従来から現場の改善意識が高いこともあり、PSI（生販在）計画や生販会議といった需給計画プロセスを現場主導で発達させてきました。それ故、経営層には詳細な計画結果を集約して報告するといったボトムアップアプローチを採ることが多く見られます。
　そして、予算の立案と需給計画プロセスは別ものとしてとらえられていることが多く、予算と実績の対比（結果として予算とどの程度乖離があるか？）は把握するものの、予算と需給計画の対比（先々の見通しは予算を達成できそうなのか？）は後回しや把握内容が限定的であるケースも多く見受けます。
　欧米で普及しているS&OPは、先ほど述べたように経営層が主体の中長期を主に対象としたプロセスです。現場主導のボトムアップアプローチに慣れている立場からすると、一般的に公表されている欧米事例は情報が限定されていることもあり具体的なプロセスや導入方法がイメージしにくい部分があると考えます。
　一方、S&OPの前後に誕生したMRPやERPは現場業務に直結し、関連する業務とそれを支えるIT（ツール）も明確であった為、日本での早い段階での普及を可能にしたと言えましょう。

生販会議とS&OPは違うのか？

　従来から日本が取り組んでいる生販会議も意思決定プロセスではありますが、両者は、需給ギャップとその影響を何でとらえているかが大きく異なるのです。金額観点でとらえるのがS&OPの特徴です。

　これまで多くの生販会議では数量ベースで生産・在庫・販売のバランス状況を測っており、その結果として在庫日数・欠品率や納期順守率がKPIとして定義されてきました。そして損益把握や予算との対比は、実績が出てからの結果数値として扱われることが主流でした。しかし近年、市場環境の急激な変化や東日本大震災などに見られる天災により、数量主体の需給計画や実績把握だけでは事業目標や予算目標から乖離する事態も発生しています。どんなに顧客要求を満たす為の現場努力を重ねても、利益を確保していかなければ事業として成立しません。つまり従来からの生販会議では、金額「カネ」観点でのサプライチェーンマネジメントが不足しているのです。

IBPとS&OPは違うのか？

　ここ数年で、IBP（Integrated Business Planning）という言葉も知られるようになってきました。この言葉との混乱も起きがちです。海外ではPSI（生販在）の数量的な計画に予算との対比を加えたものをS&OPとし、予算からの分解や予算計画自体の計画とPSIの数量的な計画を連携させることをIBPと捉えている流れもあります。また、単にPSIの数量計画をS&OPと定義している企業も存在しています。

　いずれにしろ、定義があやふやであり、人や企業、また地域によってとらえ方がまちまちであるのが実態です。国内だけでなく海外までを巻き込みグローバルに改革活動を広めていく際には、こういった観点からも注意が必要となっています。

S&OPの定義は次第に大きくなっている

　日系企業でのS&OPの事例は、当初はグループとしての利益を大まかに管理するための個別製品のSCM情報の金額化、というレベルで始まりました。これが昨今は、製品に加え保守サービスなどのより広いライフサイクルをとらえたレベルに進化しはじめ、それが群となった予算立案への流れに繋がり、さらには中期経営計画といった企業の長期計画にまで繋げようという流れに変わってきています。また、案件の獲得有無が大きく事業成績に影響するような業界では、プロジェクト単位での収支が間に挟まったりもします。

　大きな潮流として、徐々に大きくなっている傾向があります。

用語解説

生販会議：
主にメーカーにおいて、販売部門と生産部門（供給部門）間で販売計画と生産計画の調整を行う定例会議のこと。一般的には販売・生産の見通し、販売数量と生産数量のギャップ、新商品やEOL（販売・生産終了品）の予定・状況等に対する情報共有と、その対応策検討が行われる。
（類語）需給会議、需給調整会議

3 本書で提唱するS&OPの定義

S&OPの定義、特徴、考え方

　本書で提唱するS&OP（Sales & Operations Planning）とは、「PSI（数量）と整合性のとれた金額（利益）ベースでの最適化に向けた経営層を巻き込んだ意思決定プロセス」とします。数量ベースの需給計画を金額で捉え直し、収益の観点で監視・コントロールすることで儲けを生み出すのです。

　さらに具体的な特徴として以下が挙げられます。
- 現場から経営層へのボトムアップアプローチを経営層から現場へのトップダウンアプローチを融合させる
- 直近数ヶ月～中期（2～5年弱）を対象とする（長さは業界業種による）
- SKU単位での把握を必要に応じ製品群レベルに集約し、また製品群レベルでの意思決定をSKU単位に反映する

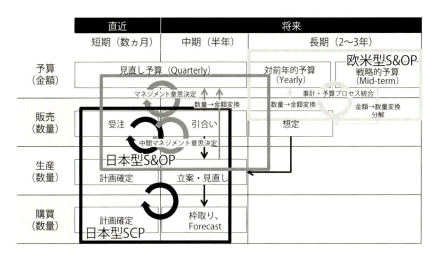

図表3-2　S&OPの位置

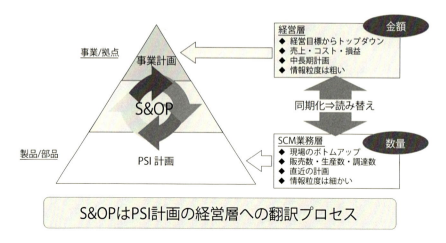

図表3-3　S&OPは経営層と現場の翻訳プロセス

- 需給計画において必要に応じ生産制約（例：生産設備キャパシティ、キーパーツや原材料の在庫など）を用いる

　先に述べた欧米S&OP事例の特徴とは少し違う印象を受けると思います。アプローチや重点を置くポイントが異なりますが（**図表3-2**）、どちらが正解というわけではありません。強いて言うならば、本書で提唱するS&OPは従来の日本のものづくりを意識した日本型S&OPとも言えるかもしれません。経営層と現場をつなぐ数量と金額の換算・翻訳プロセス、仕組みなのです。

S&OPプロセス概要と関わる人々

　S&OPプロセスを単純に書くと**図表3-4**に示す大きく5つのステップになります。
1. 各種情報収集
   - 計画の見通しを最新化するための実績情報把握など
2. 販売計画管理（販社及び本社営業）

第3章 S&OPを加えることでSCMはもっと進化する

図表3-4　S&OPプロセス

- 販売計画意思入れと妥当性確認
- 過剰／滞留在庫（数量金額）の解消に向けたアクション
- 目標に対する販売予測精度の可視化と打ち手の検討など

3. 生産・需給計画管理（需給調整担当及び生産拠点）
   - 販売要求と生産制約を加味した需給調整の実施
   - 販売計画見通しを受けた生産体制検討・準備

4. S&OP事前会議（課長～部長クラス）
   - 需給ギャップや見通しに関する数量・金額情報など、予め決めた議題を中心に情報の共有と打ち手を議論

5. S&OP会議（部長クラス以上）
   - S&OP事前会議でS&OP会議に上申が必要な事項を予め精査し報告、意思決定判断を仰ぐ
   - 意思決定内容を関係者で共有し、必要なアクションを展開

4 数量＋金額の考え方　意思決定に必要な金額情報

　従来からの数量管理に金額視点を加えたのがS&OPです。S&OPにおける金額情報の位置付けや具体例を見ていきましょう。

財務会計との違い　S&OPは管理会計
　財務会計は過去のある特定期間の実績を金額集計したものであり、企業外部のステークホルダーへの情報提供を主たる目的としています。
　S&OPは将来の計画・見通しを数量と整合性のとれた金額に変換し、不確実な未来に対する経営判断をサポートします。経営層を中心とした社内への情報提供を目的とする為、管理会計の一種と言えます。そのため、見るべき「カネ」の情報の種別・粒度に縛りや規則はありません。各企業が自身の特性やビジネス環境に合わせ、フレキシブルに定義していくことが正しい姿です。

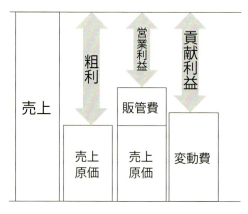

図表3-5　金額（利益）の分類

第3章　S&OPを加えることでSCMはもっと進化する

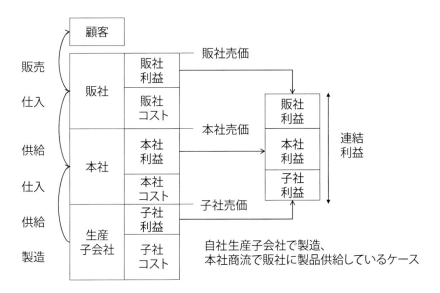

図表3-6　金額構造例

どの金額を見るか？

　さて、具体的にどの金額をS&OPを通して監視していくかですが、儲けを生むという観点から利益を中心とすべきです。一口に利益と言っても、「粗利」「営業利益」「貢献利益」と様々な定義が存在します。

　先に述べたように管理会計の一種であるが故、すべての利益を管理するのではなく、各企業の金額構造（売上・利益・コスト）や業界特性、ビジネスモデルを踏まえて、意思決定に必要なものを管理するよう取捨選択するのが適切です。

　金額構造で言うと、将来の連結利益（グループ全体）に占める割合の大きい利益に注視する事が適切です。あわせて移転価格などグループ会社間の値付けの方針にも留意する必要があります。

　ここでは各利益を選択する際の判断基準を参考までに記載します。

「連結粗利」・・・販社売価－生産子会社製造原価

　製造原価のほとんどを生産子会社で占めている場合に有効です。また、生産子会社の利益が一定になっていないような値付けの場合にも有効となります。

「販社粗利＋本社粗利」・・・販社売価－本社製造原価

　生産子会社が無い場合、かつ製造原価の変動が少ない場合に有効です。また、生産子会社の利益が一定になるような値付けの場合にも有効となります。

「連結営業利益」・・・連結粗利－（販社販管費＋本社販管費）

　販管費の占める割合が大きい場合に有効です。固定費としてだけでなく、リベートや在庫補償、広告宣伝費などの変動が大きい場合も有効となります。販管費自体は間接費が多く、製品単位に配賦する必要がある為、連結営業利益をとらえる単位についても留意が必要となります。

「連結貢献利益」・・・販社売価－（販社変動費＋製造子会社変動費）

　需給計画の意思決定によって左右されない固定費を除いた変動費で利益を把握し、より精緻に意思決定する場合に有効です。製造コストも販社コストもダイナミックに変動する場合に特に有効となります。ただし、実現にあたっては高いコスト管理レベルが必要となり、即時適用が難しいケースがほとんどです。

　これらはあくまでも一例にすぎません。売上や原価を大きく揺るがすような要素がある場合、金額を見る対象に含めることもあります。その点は注意が必要です。

どこまでの期間の金額を見るか？

　S&OPは管理会計であると述べましたが、ではその対象とする期間はどれくらいの長さが考えられるでしょうか。短い企業では3ヶ月、長い企業では10年以上という方向性を持っています。この差が生まれる背景を列挙します（年数は目安です）。

　「10年以上」・・・企業の中期経営計画を超え、所属する業界の技術のトレンドから想定されるシェアなどまで見据えた計画と、数年内のやや長期のSCMをつなげて考えるS&OP。S&OPはもはや経営の期待値を超え企業の存在価値まで意識したレベル。ここで想定する企業は、社会インフラに関係する業界や自動車業界、製薬企業、そして重工業などである。

　「5～9年」・・・次の中期経営計画レベルと現在進行中のモデルとの整合を図り、その途中の予算立案精度を上げようと捉える必要があるレベル。次の中期経営計画の立案までを含む。サイクルは年が基本。先に述べた10年以上の企業が該当し、10年以上の計画を砕いてより近い時期に繋げるレベル。

　「3～4年」・・・S&OPに取り組む多くの企業が目指すレベル。中計経営計画の中の話が中心となり、その実現に向かってSCMの動向を追い、必要時に中計の見直しやSCMの施策を打つレベル。半期や四半期単位程度でのゆっくりとしたサイクルでのS&OPと月次サイクルのS&OPが混在する。多種多様な業界を含むが、組立製造よりもプロセス生産や製品ライフサイクルが1年以上数年以内のものが多い。

　「1～2年」・・・まず最低限のS&OPを実現するレベル。SCMとS&OPの範囲がほぼ重なり、互いに月次レベルでのフィードバックが行

われるレベル。

　いかがでしょうか。S&OPはSCMと長期の計画をつなぐものであることはここまでの内容でご理解いただけたと思いますが、具体的に期間の数値を見ると様々な悩ましい問題が頭に浮かんでくるのではないでしょうか。
　筆者はこの観点で、2つの大きな障壁を実感しています。
・財務会計と管理会計の整合をどのようにとらえるか
・具体的な個別商品が未確定な段階での計画粒度はどのようにするか
　1つ目は、S&OPは管理会計故に財務会計レベルでの計画立案は不可能です。不可能であること、つまり精度が出るはずのものではないことをわかったうえでの計画実行であれば大きな問題にはならないのですが、そうではない場合はもめる要因となります。例えば、目指す売上数値は何の積み上げでそうなっているのか、また、為替の影響はどう想定したものなのか、はたまた利益に関してはどのようなコスト配分や各種配賦などを前提としたものなのか、等を考えると明白かと思います。少なくとも5年以上の期間は、ざっくりとした方向があっていれば、問題はないはずです。よって、財管一致を目指すことは避けるべきです。
　2つ目は、商品群やより大きなカテゴリといったレベルでの丸まった数値で立てるべきです。期間に関しても同様で、とある製薬企業では4半期で丸めた数値で計画立案を想定しています。そのレベルで立てておき、具体的な商品化決定が進んだ段階で正しく按分していけばよいと捉えるべきです。そして、より長期の計画から短期へ移っていく際に、個別商品のライフサイクルを伸ばしたり短くしたり、また、追加の商品のバリエーションを増やしたり減らしたりすることで、トータルの計画の実現を目指すと考えるべきです。

5 読めない未来に迅速に対応する為のシナリオ想定

　S&OPでは製造したモノがいつまでに、どの程度売れ、利益をもたらすのかを把握する必要があります。言うまでもなく、その精度は高いに越したことはありません。

　そのためには販売計画に基づいた生産計画・部品/資材調達計画を行い、それらの計画値を金額変換し、損益分岐点を見出す必要があります。

シナリオ想定の必要性

　消費者ニーズの多様化、需要パターンの突発的な変化、海外の競合企業の台頭など、今や将来の販売を予め正確に読むことは困難な状況です。如何に速く市場の変化に追随し事後対応を実行できるかが競争力の1つとなるのは明白です。

　S&OPの中で、いくつかのシナリオ（例：楽観的・悲観的・現状維持など）を想定し、さらに具体的なケースを用いて損益分岐点を見据え、変化対応に備えることが必要となります。

　なお、経営層レベルがすべての損益分岐点を把握するのは、現実的には困難ですので、代表的な製品・製品群といった単位で事前に報告対象を絞り込んでおくことが望ましいでしょう。

ケース具体例
◆アパレル業界における意思決定　短ライフサイクルでの収益最大化

　例えば多くのアパレル企業は、春夏物であれば7月を境にバーゲン品にシフトし大幅に値下げを行います。バーゲン期間中もさらに値下がりを続けることが多く、どのタイミングで目当ての品をいくらで購入でき

そうかをうまく見定めるのが賢い消費者と言えましょう。

逆に企業側にとっては、値下げしながらも如何に利益を生み出すかの策を練る必要があります。予算に対して、製品Aは何％まで値下げをしたら損失を生むのか。70％引きの製品Bで損失が生じても、30％引きの製品Cが500着売れればなんとか目標利益を確保できるのか、製品Dの在庫見通しと売り残し（廃棄在庫）はどこまで許容できるのか、計画以上に製品Eをバーゲン品にシフトさせない為の生産数などのケースを各シナリオに対しシミュレーションし、変化対応に備えるのです。

◆ **天災発生時における意思決定**

2011年のタイ洪水では、多くの日本企業は主に3つの選択肢から意思決定を強いられました。

　①別工場への生産移管

　②新工場設立

　③受注キャンセル

とある企業では、まず①、その後②を選択しました。③はSCMの観点上、選択肢にはなり得ないと判断したのです。結果的には、②で要した多大なコストと市場の伸び悩みが重なり、業績は悪化してしまいました。

S&OPの観点を意識した場合、②と③のコストインパクト（カネ）を複数年にわたりシミュレーションしていきます。②を急いで生産した結果、1年目はよいとしても翌年に減価償却が来ても大丈夫か、市場が伸びた場合、縮んだ場合、利益はどの程度推移していくのかを確認し、備えます。②の内容によっては、③が選択されることも実は考えられるのです。

◆ **食品業界における意思決定　消費期限と販促費用のせめぎ合い**

食品を扱う企業にとって在庫が売り物になるか否かは消費期限によるところが非常に大きいのは言うまでもありません。消費者が要求する鮮度の高さに応えるべく調達・生産・加工する傍ら、倉庫や店頭では消費

期限が刻一刻と迫っているのです。

　このような状況においては、価格据え置き・値下げ・廃棄の選択肢の中からコストシミュレーションで最適解を見出していきます。

　消費期限間近の食品Aは、何%引きまでは廃棄よりもコストインパクトは少ないのか？比較的時間的余裕のある食品Bを一部値下げ&店頭販促で売りさばくことで全体収益のバランスを取るのか？販促費の使い方が収益確保のカギとなります。また、SKU単位に加えて消費期限も把握できる単位で在庫管理できることがシミュレーション上は望ましいでしょうし、モノによっては先々の天候や季節行事なども意思決定時の判断材料の一つになり得ます。

◆ **製薬業界における意思決定　投資回収の視点**

　製薬業界と前述のアパレル、食品業界などとの大きな違いとして挙げられるのは研究開発期間の長さでしょう。新薬開発に10年以上要するのが一般的であり、そこから成功し発売に至るものはごく僅かです。

　新薬を開発し、特許取得などから投資回収を成し収益をあげていくビジネスモデルですが、シミュレーションにおいては、投資回収までのスピードが意思決定のカギとなります。

　研究開発期間の長さゆえ、製薬業界の計画期間は他業種に比べて長期にわたり（5年以上）、管理する単位も日や週ではなく月が主流となります。独占販売期間中であれば需要の波は比較的小さく安定した生産・供給が望めますが、研究開発中や特許切れ分も含めた全体計画を中長期で見た際の資本投資判断が必要となるのです。具体的には以下6つから意思決定することになります。

- 自社工場継続利用
- 製造受託継続利用
- 自社工場新設
- 製造受託契約拡大
- 自社工場縮小

- 製造受託継続縮小

現存生産設備キャパシティの中長期的な消化状況や工場そのものの効率性をモノだけでなくカネ視点でも捉えることで、さらなる資本投資要否と投資回収時期を判断し備えていきます。研究開発の見通しや特許切れに対する他社ジェネリック医薬品の勢いで複数のシナリオが想定されることと考えます。

◆オフィス機器の案件参加の意思決定　提案する機器のミックスや販売促進施策の検討

オフィス機器に関するビジネスは、リースや契約期間の切れ目に行われる競合案件の参加・不参加、そして案件獲得の如何に左右されます。すでに大半の企業が設置して活用しているものが大半である為です。

よって、どの案件に参加し、どのような製品構成で競合に勝つのかを考えることが重要であり、またそれがSCMにおける生産活動や供給の活動に大きくインパクトを与えます。

事業計画として目指すべき売上の数値に対し、いま想定している案件だけで達成できるのかどうかを見極めながら事業をコントロールしていくことが、当年度の売上・利益の着地想定の精度に大きく影響を与えます。

ここにもシナリオの考え方やシミュレーションの考え方が必要となってきます。

なお、BtoBの機器ビジネスでは、オフィス機器に関わらずサービス観点での収益（設置稼働後のメンテナンスや保守部品パーツビジネスなど）まで踏まえた製品ライフサイクルトータルでの収益管理が必要となっており、IoTやビッグデータなどの活用によるS&OPも模索されています。

◆重工業・インフラ業界における意思決定　稼働率を考慮した営業活動

重工業、インフラ業界では、1機（台）の製造期間が数か月〜数年にのぼり、他業界のPSI×金額によるS&OPとは異なる意思決定が必要で

す。

　主にこの業界は案件型の受注生産・受注設計の形態となっており、営業活動は標準工数と単価の積み上げをベースにし、コンペティターの動きをみながら入札やコンペとなるのが常です。さらに、海外とくにアジアの重工業も力をつけてきており、価格プレッシャーも近年厳しくなっています。

　一方供給側（企業資源）に視点を向けると、設計や製造にアイドリングが発生すると、実際原価が上昇するため、新規の案件を取るかとらないかで、その他含めた各工事案件の収益に効いてきます。

　需給意思決定に収支の観点を入れ込むS&OPにおいて、以下情報を連携させた、需給と営業活動の連動が肝になってきます。

- 稼働率（コスト）
- 行程ボトルネック（納期）
- 営業活動におけるプライシング

◆今後増えると想定される例

　この他にも自動車完成車メーカーや日用雑貨品・半導体・電子部品・工作機械・農業機器・重機など様々な業界で様々な目的と形のS&OPの方向性が起きていて、実に多様な状況になっています。

高速シミュレーションの重要性　時は金なり

　いくつものシナリオとケースを数量だけでなく金額も可視化してシミュレーションするとなると、ある程度大量情報を分析できるITを活用することになります（ITについて第7章参照）。

　一般的に毎月のS&OP会議を迎えるまでは、前月実績情報把握までに時間がかかる、当月の販売計画立案・合意のタイミングが遅い等、厳しい時間的制約の中で取り組むことになります。

　それに加え、突発的な顧客からの要求や経営層からの情報提供依頼などに対して即座にシナリオシミュレーションし意思決定ができる必要性

もあります。これらを考慮すると、ITの処理時間は速いに越したことはありません。2000年頃のSCMブーム時のITの実力では各種計算に時間を要し、夜間バッチ処理が必要となることは当たり前でした。しかし昨今ではハードウェアとソフトウェアの進歩によりほぼ同等の計算を数秒から数10分レベルで計算できるようになってきています。

　待ち時間が生じるほど、判断を要す業務の為の時間は短くなります。その間に他社はいち早く意思決定を下し、アクションを起こすかもしれません。厳しい時間制約の中で迅速かつ質の高い判断が必要とされるのです。

6 S&OPのパターン
目的により目指すべきプロセス、KPIは異なる

　S&OPの大きな意味でのコンセプトは世界共通ではあるものの、アプローチの違いにより、欧米企業と日本企業での実例は細部が異なります。

　ここでは日本で先進的にS&OPに取り組んでいる事例の特徴を踏まえた、S&OPのパターンについて紹介していきます。

　いずれのパターンも月次でS&OP会議を設け、目的に応じたギャップの把握、金額ベースでの最適化に向けた意思決定を行っています。

	欧米型	日本型
位置づけ	（数量と整合性のとれた）金額（利益）ベースでの最適化に向けた経営層を中心とした意思決定プロセス	
	トップダウン型	ボトムアップ型
主な用途	・中長期予算策定 ・中長期販売トレンドの金額可視化 ・予算 vs. 販売計画ギャップを埋める為の打ち手決定	・生販計画の金額可視化 ・予算/事計 vs. PSI計画のギャップ把握、打ち手決定 ・次年度予算策定
対象期間	中長期(12ヶ月～36ヶ月程度)	直近～中期(16ヶ月程度)
情報粒度	品目グループ/カテゴリまたは地域別/国別	SKU
意思決定者	経営層	経営層～部長
意思決定頻度	月次～四半期	月次
備考	・中長期に対する意思入れが中心 （ギャップを埋める為の施策、予算見直し、販売トレンドに合わせたリソース計画など）	・週次/月次生販業務、PSI（数量）を強く意識

図表3-7　S&OPの日本・欧米比較

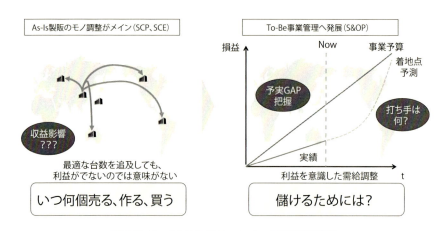

図表3-8　S&OPパターン1：予算連携強化

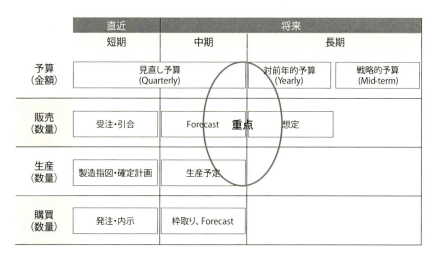

図表3-9　S&OPパターン1の重点エリア

パターン1：予算連携強化

　S&OP会議において直近の計画 vs. 実績のみならず、予算計画 vs. 実績見通し（PSI計画）でのギャップを把握し、売上・利益目標達成の為の打ち手の協議と決定プロセスを構築する例です。

　予算とPSI計画の粒度や整合性は常に保たれ、対比を可能にすること

から、双方の情報は同一基盤で構築することが求められます。金額情報のみで語られがちな予算(カネ)の根拠が数量でも現れることで、経営層〜現場層が納得のできる目標を掲げることができます。

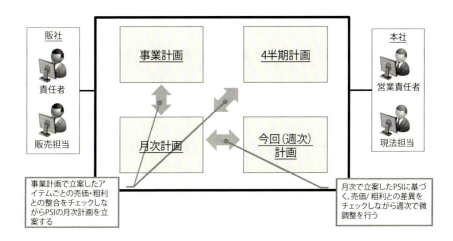

図表3-10　S&OPパターン2：収益見通し把握と妥当性判断

		直近		将来	
		短期	中期	長期	
予算 (金額)		見直し予算 (Quarterly)		対前年的予算 (Yearly)	戦略的予算 (Mid-term)
		重点			
販売 (数量)		受注・引合	Forecast	想定	
生産 (数量)		製造指図・確定計画	生産予定		
購買 (数量)		発注・内示	枠取り、Forecast		

図表3-11　S&OPパターン2の重点エリア

パターン2：収益見通し把握と妥当性判断

販社PSIを金額変換し、目標金額との乖離を認識した上で、販売施策を検討し、経営陣含めての確認を実施する例です。

まず販社販売計画から売上・粗利を確認し、販売計画そのものや販売施策の妥当性を判断します。目標との金額対比を容易に行うことで、利益を優先した意思決定を促すことを可能にします。需給管理においても販売側に力点を置いた取り組みと言えます。

売上・粗利以外の金額要素として原価が思い浮かぶ方がいるかもしれません。収益見通し把握における位置づけですが、原価の値動きが暴れやすい場合は指標の一つとして扱うことも有効と考えます。ただし、どんなに原価の指標を追い続けていても、モノが売れなければ利益は創出されないという点には注意が必要です。

販社販売計画の意図を理解した上で、需給調整担当は全体最適な需給調整案を作成します。この調整案は販売と生産双方の経営層が参加する会議にて先々の見通しを踏まえながら有効性を討議します。

経営層には、先の会議での討議結果を報告し、何か意向がある場合、翌月の計画立案に反映すべく各部門に指示内容を伝播していきます。

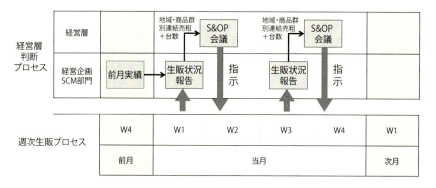

図表3-12　S&OPパターン3：意思決定サイクル強化

第3章　S&OPを加えることでSCMはもっと進化する

図表3-13　S&OPパターン3の重点エリア

パターン3：意思決定サイクル強化

　S&OP会議に該当するマネジメント（経営層）判断を月2回設け、意思決定サイクルならびに社内の認識連携強化を遂げた例です。需給管理においては販売と生産双方の妥当性を見ながら進めています。

　当月初めに立案した販売計画をもとに需給調整した結果を金額レポート化し、社長に報告します。そこで社長から出た指示を翌週の生販業務に反映します。

　販売計画数量を売上・粗利に置き換えるだけでなく原価や製品在庫金額・調達金額のバランスについても確認対象としています。

　なお、いずれのパターンも将来の金額可視化をしているわけですが、発売前の新製品をどう扱うべきかといった議論は避けられません。製品型番が未決定の際はダミー品番の使用、価格が未決定の場合は仮単価を用意するなど、情報の完全欠落を回避する為に何かしら対処をするのが一般的です。

7　S&OPに対する近年の高まり

　弊社ではここ数年、S&OPに関する問い合わせや情報提供依頼の件数増加を体感しています。雑誌等の取材も増えています。前述の通りなかなか導入が進まない背景があったにも関わらず、この変化はなぜ起きているのでしょうか。

　端的に言うと、外部環境の変化により、先々の儲けが読みづらくなり、S&OPの必要性が増したからです。今までこの「先読み」については過去の生産数量やそこから売上を通じて得た利益からの「調整」、そして予算との対比で組まれていた場合が多かったと言えます。言い換えると、論理的ではない意思の部分が多分に含まれたまま走り、直前で営業に注力したり、現場が踏ん張ることで、辛うじて対応していたことも多かったと思われます。

　また、これまでの生産計画数量は過去の販売数と顧客からの参考情報、そして営業現場の感覚を交えて大体の見込みを立てて決めていました。

　こちらについても、生産数が決まってもそれが思ったような数で出ないだけでなく、思ったような金額で出ない場合も増えて来ました。結果的に予算と需給計画で見込んでいる数量的な現場での想定が大きくずれる場合が増えたのです。

　故に経営層の観点では、現状の先読みの方法では限界を感じる部分が多々出始めました。上場企業の場合、想定とのずれが大きくなると下方修正を発表しなければなりません。これによる株価下落や企業イメージ低下が気になりだしたのです。

　そのような状況下で先読みの精度を上げる方法として、注目されているのがS&OPです。営業現場や生産現場で見込まれている販売数や生産数に、想定の販売単価をかけ、売上を算出し、販売単価が変わった場合

第3章　S&OPを加えることでSCMはもっと進化する

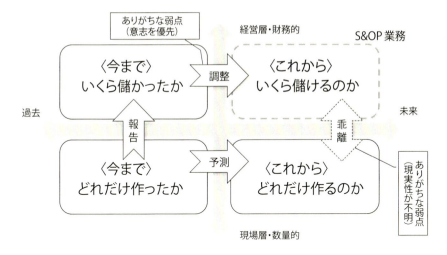

図表3-14　S&OPの必要性

にはどのように売上と利益が推移するのかをシミュレーションする必要性が高まっています。

　これが弊社で実感しているS&OPに関する相談件数増加の背景です。ただし、経営層が、事業計画の策定とS&OP業務、需給計画との繋がりを明確に意識しているかというと、まだそういったレベルでS&OPが認知されているとは感じていません。

　しかしながら2016年あたりから、中期経営計画と需給計画の関係を気にしている経営層の方が確実に増えていると実感するようになってきました。それがS&OPであると定義されていない企業でも、確実にその業務の必要性やその質の向上が必要であると思われはじめています。

　S&OP的な業務が現時点でも存在していると言えます。経営企画や経理といったような部署で、現場の数量情報を元に表計算ソフト等で金額換算・集計し、経営会議などへ提出されています。目標を達成していない場合の原因説明や今後のリカバリーに向けた打ち手のまとめ、報告資料作成作業など、この作業には限られた時間の中で多大な労力がかかる

ものと思われます。しかし手作業が中心であったり、属人的な意思が入った上で報告がされやすいという点が、S&OPプロセスとして不足があるのは否めません。

　もちろん派生形も多数存在します。生産と販売のバランスを将来の利益想定の参考としたい場合だけでなく、投資に対する回収の観点を出している企業もあります。前述のケース具体例を見ながら、自社ではどういったパターンや背景が考えられるのかを検討してみて下さい。

S&OPとSCMの方向性はある程度自動で決められる

　SCMでは在庫削減・需要予測精度向上・納期遵守などのキーワードがはっきりしており、どなたに話しても違和感はないはずです。しかしながら、S&OPとなると理論や考え方は総論として理解できるものの、自社がどういう方向でこの考え方を活用すべきかがピンとこない方が多いのが実態です。

　頭に浮かびにくい理由は3つです。
- カネという概念が業種業態によって差がある上に経営観点が入る
- カネとモノを結びつける考え方ゆえに視野を広く持つ必要がある
- 直近ではなく数年先まで含む考え方であるゆえにしばりが少ない

　しかしこれらを言い換えると、ある程度の方向性は自社の置かれている環境から、自動的に導き出すことが可能なのです。それに自社固有の意志を含めた調整をしていけば定められます。

　軸は3つの組合せになります。
- SCM観点：顧客要求納期（長短）×ビジネスモデル（BtoC/BtoB）
- S&OP観点：費用構造（固定費大/変動費大）×ビジネスモデル（BtoC/BtoB）

　顧客要求納期というのは、取引先からオーダーが発行されてから納入までのリードタイムです。半年以上であれば長いが数週であれば短いといった意味です。費用構造は自社製品の費用構造で固定費の比率が高い

のか、変動費が高いのかという意味です。ビジネスモデルは明白かと思います。

なぜここを重視するかというと、SCMはどちらかと言えば短期での柔軟性や顧客要求に応えるための仕組みであるため、顧客要求を重視する必要があり、S&OPはどちらかと言えば長期での自社収益等のコントロールのための仕組みであるため、自社の費用構造を重視するということによります。

この考え方は弊社独自のものであり、少々難易度があがる話ですので、例をあげます。

◆情報家電の場合、
　SCM観点：顧客要求納期は短く、BtoC
　S&OP観点：変動費が大きく、BtoC
となります。変化の度合いが大きい為、S&OPもSCMも粒度を細かく業務サイクルも短く管理していく必要を求められます。よって、販売会社の変動費を把握し、週次化されたサイクルでモノとカネの監視や調整を目指すとなります。

◆自動車部品の場合、
　SCM観点：顧客要求納期は短く、BtoB
　S&OP観点：固定費が大きく、BtoB
となります。系列ビジネスの変化などによる要求納期やJIT納品が増え、変化が大きく増しました。しかしながら完成車メーカーの7年サイクルに繋がり、高い品質も求められるために研究開発費の増加も進んでいます。よって、SCMで納期遅れが発生していないかを細かく把握しつつも、S&OPで年単位での固定費の回収を意識した管理や見通しの把握が求められます。

ここに、自社の意志や計画を乗せることで方向が固まります。情報家電は細かく見るという傾向があったとしても、自社は長期の投資回収を今後は重視し、例えば生産拠点の再配置を戦略的に見定めるといった感覚です。いかがでしょうか。こういった点が、自社が置かれている環境や競合他社の事例からの学びで方向性の叩きまでは作成できたとしても、自社の意志が無いと方向が定まらず前に進みにくくなる所以でもあります。

　この後、4章からは話を少し具体的にしていきます。3章の今の段階で、少し立ち止まり、イメージをしてみてください。自社では、どのような方向が考えられるでしょうか。

3章まとめ

　本章ではS&OPの生い立ちから始まり、本書で提唱するS&OPの定義とその考え方について取り上げました。

　PSI（数量）と整合性のとれた金額（利益）を使った月次意思決定プロセスを実施することで、現場と経営層の双方からみて説明、理解しやすい数字となります。現場と経営層の距離は縮まり、従来SCMに比べS&OPは各種販売・生産施策の取り組み状況、トレンドが経営層にダイレクトに響くようになるのです。

　またS&OPは、如何に速く市場の変化に追随する事後対応を実行できるかについても強く意識しています。読めない未来に迅速に対応する為にいくつかのシナリオ（例：楽観的・悲観的・現状維持など）を想定し、具体的なケースを用いて損益分岐点を見据え備えていくのです。

　次章以降ではSCM/S&OPに実際に取り組む際のポイントや進め方について、より実用的な内容で説明していきます。現在取り組み中の方も、これからという方も、ぜひご活用ください。

プロジェクト名称はどうする？

　いざプロジェクトの開始が決まった時、「プロジェクト名称」を付けるのか付けないのか、またつけるとした場合にどのようなものにするのかを迷われたことはないでしょうか？SCM/S&OPプロジェクトにおけるものに触れてみましょう。

　大きく分けると、3つに分類することができそうです。
　① 「SCM」や「S&OP」がそのまま使われている
　② 改革テーマのそれぞれの頭文字を集めて単語にしている
　③ 全く関係が無い単語を用い、イメージを重視している

　それぞれメリット・デメリットはありますが、ポジティブで、わかりやすい名前が選択されやすいようです。

　また、決め方は上層部の独断もしくは投票による決定の2択が多く見られますが、どちらかといえば投票が多いように思われます。いずれにしても関係する部署が多く、総意を重視することが多い、さらには覚えやすいといったことが重視されているのではと推察されます。

　一方、SCMもS&OPもグローバルで活動を進めるプロジェクトとなるため、日本語か英語かという観点で見ると、圧倒的に英語名称が多いようです。

　以上から、結果的に似たような名前になることも多く、あちらこちらで同じ名称を聞きます。SCM/S&OPは範囲が広いとは言え、似たような悩みや課題を各社が抱えていることの表れとも言えるでしょう。

　プロジェクト名称がそのまま、新業務や新システムの名称として運用されることから、無いよりもあった方がよいものです。

　皆さんも、楽しみながら親しみやすいプロジェクト名称を考えて付けていただきたいと思います。

Memo

第 4 章

儲けを生むSCM/S&OPの始め方
―プロジェクト企画―

SCM/S&OPのプロジェクトを進めるに当たりどのようにフェージングするかはケースバイケースですが、大きく大別するとプロジェクトの企画フェーズと実行フェーズに分かれます。

4章ではプロジェクト企画フェーズについて説明します（プロジェクト実行フェーズについては5章で述べます）。

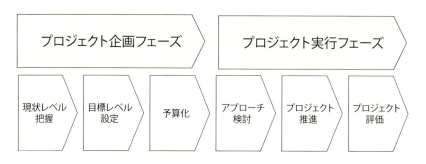

図表4-1　一般的なSCM/S&OPプロジェクトフェーズ

1　具現化する際のポイント・7つの軸

　SCM/S&OPは販売・生産・調達等のサプライチェーンの横のつながりである複数の業務組織が関連したプロセスです。また戦略を練る経営層から計画を立案し、コントロールする管理層、実行に携わる現場層の方々の上下の繋がりが重要となります。確実・効率的にプロセスを回していくためにはIT的なサポートも必要となります。そのため、オペレーションレベルの業務プロセスのみ、ITのみといった部分的な検討では十分ではありません。S&OPを具現化するためには様々な観点が必要になります。抜け漏れなく進めるためには以下の7つの軸を基に目指すべき姿を検討する必要があります。

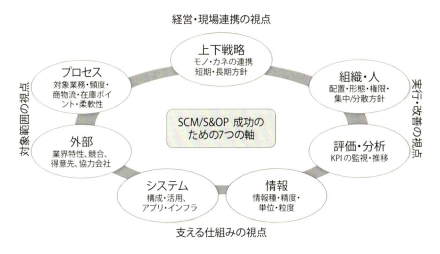

図表4-2　SCM/S&OP成功のための7つの軸

◆上下戦略

　経営層の意思を管理層・現場層に確実に伝えるためにS&OPの目的と対象範囲を明確にする必要があります。S&OPの主目的は利益の最大化です。これを明示した上で、商品企画・マーケティングを巻き込んで取り組むのか、販売と生産を中心に取り組むのかを決定する必要があります。また基本的に経営層は金額、管理層・現場層は数量で物事をとらえます。経営層と管理層・現場層が相互に状況、意思を伝えコミュニケーションしていくためには数量と金額の相互の変換が必須になります。一口に金額と言っても売上・原価・粗利・営業利益、限界利益等様々ですし、グローバルに展開する企業においては販社の粗利・本社の粗利、連結での粗利等切り口など、見方は複数あります。認識離齟を起こさず、確実に意思疎通を図るためにはどの金額でS&OPをコントロールするのか明確にする必要があります。

　近年、この観点で顕著に期待値があがっているのが、金額と数量の連携に加え、中期経営計画と直近の需給の計画という、より長期と短期の

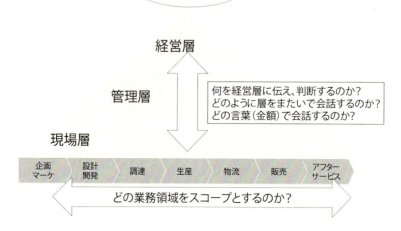

図表4-3　SCM/S&OPにおける上下戦略

計画をつなげて考えることです。

◆プロセス

　S&OPは将来に重点を置くため計画を起点とし、実行・モニタリングを行ういわゆるPDCAプロセスです。経営層・管理層・現場層の担う役割・範囲は異なるため、どれくらい先までの計画を立案するのか、PDCAを回すサイクルを定義します。

　また計画から実行までの業務の流れを設計し、関係者が認識合わせと合意形成のための調整を行う会議体の定義を行う必要があります。

◆組織・人

　SCM/S&OPでは上下左右の組織の連携が重要です。コンフリクトも発生するため販売・生産といった組織を跨いだ調整機能が必要になります。生産組織が調整機能を担うのか、需給調整組織を新たに作るのか、

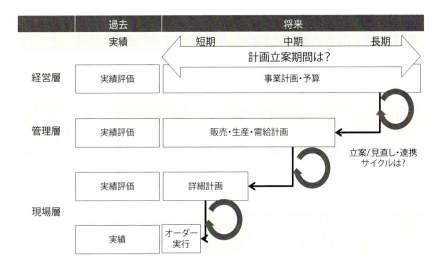

図表4-4　SCM/S&OP計画の立案範囲とサイクル

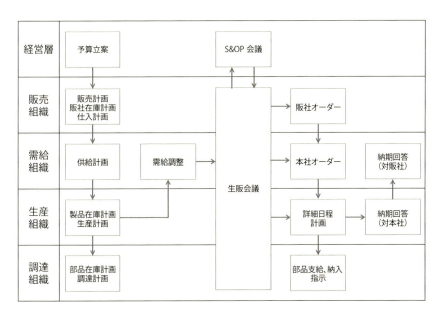

図表4-5　SCM/S&OP業務プロセスの流れ

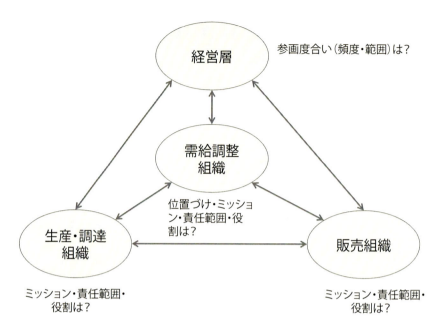

図表4-6　SCM/S&OPにおける組織

経営層がどこまで関与するのか、プロセスを回していくための組織構造、役割分担を検討する必要があります。

◆評価・分析

　SCM/S&OPの目的を実現するためには関係組織が定義したミッション、責任、役割分担に基づいてプロセスを回していく必要があります。各組織や担当者がそれぞれの役割・機能を果たした結果を評価し、継続的に改善していくためには、組織のミッションに応じた評価KPIをS&OPの目的に即して定義する必要があります。ここの評価KPIがSCM/S&OPの目的とずれているとそれぞれの組織が努力をしたとしても、全体の目的に則した結果にはなりません。

　また日々状況が変わる環境下においては、如何に早く問題・リスクを

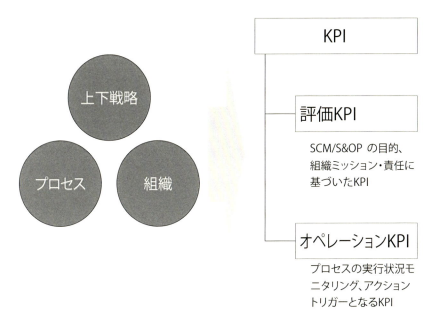

図表4-7　SCM/S&OPにおける評価・分析

検知し、迅速にアクションを起こせるかが重要になります。すべての情報を均一的に見る事は時間がかかりますし、問題・リスクの検知が遅れたり、漏れたりします。そのため確実にアクションを起こすためのトリガーとなるKPIと閾値を設定する必要があります。

　KPIの設定に関するコツとしては、自社が最も上位に置いているKPI（例：ROEやEVA）と、数量的なKPI（例：在庫回転日数や納期遵守率）を、数式の分解だけではなく意味として繋いでおくという点です。物に繋がらない金額（例：リベートや為替）を無理に数式的に繋ぐのではなく、意味として繋ぐことが全体のツリー構造化を可能にします。

◆外部

　自社内業務のみの改革、自社内情報の精緻化・活用促進を図ってもダ

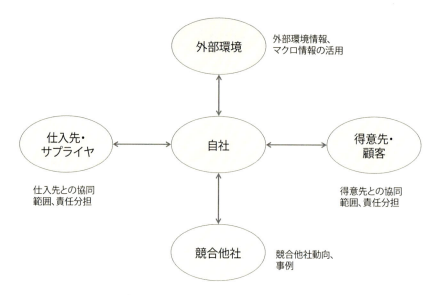

図表4-8　SCM/S&OPにおける外部考慮

イナミックな昨今のサプライチェーンでは限界があります。得意先と仕入先とどのような責任範囲で業務を分担するのか、相互情報の有効活用を検討する必要があります。また長期計画のための外部マクロ情報の活用可否や、競合他社の動向をある程度踏まえた上での検討が必要です。

　自然災害を想定したBCP（Business Continuous Plan）からの観点を盛り込む企業も増えました。災害が発生した場合に得意先に如何に素早く現時点での供給可能量を提示できるか、また、その為に常に仕入先からの供給可能量を把握しておく必要が高まった為です。上下戦略との整合も踏まえ、どこまでの外部連携を最終的なゴールとするのかを決め、プロジェクトの立上期から時間をかけて取り組むべきです。外部との調整には契約条件など時間がかかることが多く存在するからです。

図表4-9　SCM/S&OPで使用する情報

◆情報

　販売活動や生産活動の実行には実際の『モノ』を作る、動かす事が必要ですから、製品コードや、仕入先・出荷先等の詳細レベルの情報が必要となります。一方で中長期の計画、意思決定をするためには製品コード等の詳細レベルの情報では粒度が細か過ぎて、全体感が掴めなくなります。そのため中長期の計画、意思決定には全体・地域・拠点・製品群等の集約した情報が必要になります。経営層と管理層・現場層が連携していくためには集約した情報と詳細情報の相互の変換が必要になります。

　また必要となる情報が定義したプロセスのサイクルで取得・収集できる必要があります。週サイクルの計画プロセスを定義しても、実績情報が月次でしか取得できなければプロセスは回りません。グローバルに展開する拠点の情報を、業務やデータの締めタイミングを考慮し、整合性

が保たれる時点で揃えて取得できなければ、プロセスの精度は悪化します。

　プロセスの品質・精度・意思決定の良し悪しは取得・収集する情報によって決定されるといっても過言ではありません。如何に立派な目的と戦略、プロセスを定義したとしても、それを支える情報が揃わないと意味を成しません。そのため情報の定義・粒度・鮮度・共有度を目的とプロセスに即して明確にすることが重要になります。

◆システム

　S&OPプロセスを効率よく、各自に回してくためにはITのサポートがもはや必須です。S&OPのスコープや、プロセス・サイクル等、図表4-2の軸で必要となる機能を見極め、サポートの範囲を決定する必要があります。

2 SCM/S&OPの成熟度レベル定義

業種や業態、また企業の状況や、競合環境によりSCM/S&OPのあり方は異なります。本書ではSCM/S&OPの成熟度を3つのレベルで定義しています。**図表4-10**並びに**図表4-11**で前述の上下戦略軸のスコープ

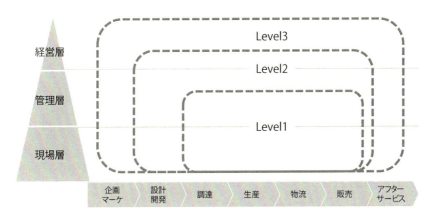

図表4-10　SCM/S&OPレベル定義（上下戦略：スコープ）

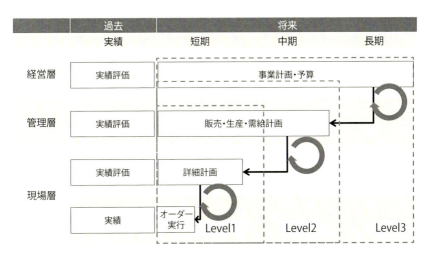

図表4-11　SCM/S&OPレベル定義（計画立案範囲とサイクル）

評価軸	Level0 Pre-SCM	Level1 Standard SCM	Level2 Advanced SCM + S&OP	Level3 Advanced S&OP
上下戦略	数量情報の可視化、共有化を目的とした取り組みが必要なレベル。販売・生産等個別の業務が行われている。	欠品回避、在庫削減等サプライチェーンの効率化に取り組んでいるレベル。販売・生産を中心として計画、需給調整プロセスは管理層で行われている。	企画・設計も巻き込みサプライチェーンの効率化に加え、売上、コストの金額情報の可視化を取り組んでいるレベル。重要な意思決定に経営層が関与する。	ビジネスの収益性向上を狙い、経営層が計画立案から意思決定に積極的に関与している。
組織・人	役割分担と責任に明確な定義がなく組織・拠点それぞれで業務がなされている。	サプライチェーン全体での役割分担が規定され、グローバルでの需給調整機能を担う管理層を中心とした組織が編成されている。	事業特性・製品特性等の需要度を加味した計画、需給調整判断基準が定義され、経営層へのエスカレーションルールが規定されている。	利益責任を含めた役割分担が規定され、グローバル集中管理とリージョナル自律最適が融合した組織・権限定義がなされている。
プロセス	担当者、拠点別に業務が行われ、各計画が個別に行われている。計画立案、見直しのルールは規定されておらず問題の都度担当者間で調整がなされている。	各組織、拠点統一の業務ルールが規定され販売計画と生産計画が連携して立案されている。計画立案、見直しのルールが規定され生販会議による需給調整が行われている。	事業特性・製品特性等の需要度を加味したルールが定義され、長納期部品や生産準備に必要となる中長期的な計画が立案されている。	経営層を含めたS&OP会議が実施され、計画立案、見直しのルールが定義され予算立案から販売、生産計画の連携がなされている。
評価・分析	売上予算、生産予算等の必要最低限のKPIのみが定義され、期中の評価はなされない。業務品質、リスクを検知するためのモニタリングKPIが定義されていない。	サプライチェーンの役割分担に応じた数量ベースのKPIが組織毎に整合性を持って定義され、業務品質、リスクを検知するためのモニタリングKPIが定義され、運用されている。	数量ベースのKPIに加え売上・コストの金額ベースのKPIが定義されて計画プロセスの中で運用されている。問題発生時の原因分析が迅速に行なえる仕組みが構築されてる。	各KPIの利益インパクトが可視化され、計画・調整プロセスに規定されている。
外部	顧客、仕入先との注文、引き合いに対する電話、Faxなどでのやり取りがなされている。	顧客、仕入先との注文、引き合いに対する納期回答、納品情報がEDI等で連携されている。	流通在庫や、セルアウト情報等の顧客情報が販売計画立案に活用されている。仕入先在庫、生産予定が生産計画立案、需給調整に活用されている。	マーケット情報が予算立案から販売計画立案に活用されている。二次仕入先を含む情報が共有化され、リスク評価がなされている。
情報	マスタ、トランザクションのコード、情報定義がなされておらず拠点ごとに意味合いが異なる。情報の更新頻度が拠点ごとに異なり、組織をまたいだ共有なされない。	マスタ、トランザクションのコード、情報定義がグローバルで統一されており、業務上必要なタイミングで情報が更新され、関係組織間で共有化されている。	マスタ、トランザクションのコード、情報定義が得意先、仕入先を含めて定義されており、金額情報を含めた共有が全社で行われている。	NA
システム	Excelツール等組織、拠点ごとの個別システムで業務運用をしている。	実績情報を管理するシステム基盤が構築されており、販売、生産ともに全拠点共通または連携された計画システムを利用している。	複数のケースを想定したシナリオ計画と、シミュレーションによるインパクト把握を可能とした高度な計画システムを利用している。	予算立案と連動した計画システムを利用し、製品⇔製品群へのサマリ・分解機能と数量⇔売上、コスト、利益への相互換算が行える。

図表4-12　SCM/S&OPのレベル定義（7つの軸）

とプロセス軸の計画立案範囲とサイクルの観点から概念的にそれぞれのレベルの範囲を示します。また7つの軸毎にSCM/S&OPのレベルを**図表4-12**のように定義しています。

　なお、弊社では各レベルの内容を常に見直しています。2010年に最新事例であってもそれが2020年に最新であることはなく、各レベルの内容が次第に変わっていくためです。また、近年のSCM/S&OPの広がりにより、様々な業界での取り組みが進んでおり、業界によっても差が生じています。最新の診断項目や内容については、本章の内容と変わっているとご理解ください。

◆ Level1：Standard　SCM

　多くの企業が取り組み、既に実践しているSCMのレベルです。部分最適から全体最適を掲げ、多くの場合、欠品回避・在庫削減・リードタイム短縮を目的とした、販売と生産の連携を中心としたプロセスです。

　販売部門の販売計画に基づいた供給・生産計画が立案され、多くの場合、需給調整組織が販売要求と生産制約のギャップに対する調整を実施し、生販会議や需給調整会議で合意を得ていきます。需要変動への迅速な対応とプロセス的なリードタイムの短縮を図るため週次での計画プロセスを行っていくことが一般的です。

　プロセスの主体は各組織の計画担当者といった中間的な管理層が中心となり、計画立案対象期間は当月から将来3ヶ月先までを中心とした数量による計画で、計画内容の調整や意思決定も数量にもとづき実施されます。グローバルにまたがる販売や生産拠点のコミュニケーション円滑化や需給調整機能は専門の需給調整組織が集中して行い、プロセスをコントロールしていきます。

　経営層はプロセスそのものには大きく関与せず、管理層・現場層で実施されます。数量で立案された計画に各拠点の原価や売価といった単価を掛けあわせ経営層にレポートを行うこともあります。

　プロセス、役割分担に沿ったKPIが定義され各組織はそれに沿って活

動をしていきます。多くの場合、販売部門は販売計画精度、生産部門は納期遵守率、需給調整部門は在庫月数や在庫回転率といったKPIが設定され、期または月での評価がなされます。

　SCMプロセスを回すために必要なる情報が拠点をまたいで定義、統一され、週次等プロセスに必要となるタイミングで情報が収集されます。またEMSや仕入先との在庫情報、納期回答等の外部との情報連携がなされていきます。

　部門・拠点をまたいだ計画プロセスを回すため、販売計画立案から在庫・供給・生産計画立案に必要となるITはグローバルで統合され販売拠点と生産拠点をつないだ数量計画立案がなされます。経営層へのレポートのための数量から金額への変換や、SKUから製品群への集約機能が用いられます。

◆Level2：Advanced SCM + S&OP

　昨今の外部環境の変化、競争の激化等により、このレベルの取り組みも多くなってきています。欠品回避・在庫削減・リードタイム短縮等の目的に加え、売上・コストといった金額視点を追加したプロセスです。

　新製品やEOLといった製品のライフサイクルを考慮し、プロセス・計画精度を高めるため、販売部門と生産部門だけではなく、商品企画や設計・開発部門を巻き込んだプロセスになります。

　部品調達や輸送リードタイムが長くなることに伴い、計画は6ヶ月先等のある程度中長期的な範囲まで立案されます。計画の立案期間や対象製品が増加するに伴い、すべての製品を均一に計画、調整するのではなく金額インパクトを考慮して製品の優先付けを行い、優先度に応じた計画立案、需給調整プロセスを定義し、効率的な計画立案を行います。

　経営層もプロセスに参画し、部品の先行手配に対する調達コストからの判断や、供給不足時の需給調整に売上他を加味した判断など、管理層では決定しきれない事象が発生した場合、経営層によるレビュー・意思決定を行います。

経営層のレビュータイミングや、状況の判断は月を基本とすることが多いため、週次等の短サイクルだけではなく月次サイクルと週次サイクルと異なるサイクルのプロセスが同期を取るように定義されます。

経営層によるレビューでは売上・コストに加え粗利などの利益要素が加味され、拠点内だけでなくグローバルでの連結売上・在庫金額・粗利等の情報を月単位・製品群等で集約して計画の妥当性を判断していきます。KPI評価は期・月などのタイミングで集計されるだけでなく、問題・リスクを即時検知できるよう週次等のプロセスに沿ったタイミングでも評価されていきます。また問題が発生した場合に、要因を特定し迅速に対策を打つための問題発生原因への情報分解がなされます。

状況の変化をより早くとらえるために、重要な情報を日次でも収集しリスクを把握します。自社の出荷・仕入情報だけでなく流通在庫やセルアウト（顧客の販売実績）情報も収集され共有化されていきます。

経営層が意思決定を行うため事業計画・予算情報もITに取り込まれ、経営層の意思決定をIT的にサポートします。経営層・管理層が状況とインパクトを把握するために複数のシナリオでの計画をシミュレーションしていく機能が必要となります。

◆ Level3：Advanced S&OP

先進的な企業ではこのレベルの取り組みも行われてきています。

長期的な事業計画・予算立案がプロセスに織り込まれ、短中期の需給計画との同期を取っていきます。経営層の意思の入った事業計画・予算を元に長期的な需給計画が立案されていきます。また、長期的な需給計画を並行して立案し、新規立案された事業計画・予算と対比することにより、事業計画・予算の妥当性や根拠の確認など、事業計画・予算と長期需給計画が相互に関連し合います。

経営層のプロセス関与もより積極的になり、経営層を交えたS&OP会議が実施され、利益を重視した計画立案と調整・意思決定が行われます。粗利や営業利益だけでなく、限界利益といった管理会計的な要素と

の結びつきが強くなり、また現時点の単価だけなく、将来の売価下落予想等を折り込み、より精度の高い意思決定を行っていきます。

　グローバルでの状況変化をより迅速に把握するためプロセスに必要な情報は日次、場合によりリアルタイムで収集されます。アクションを起こすために定義されたKPIに対し、閾値を超える場合は日次でアクションのトリガーがかかります。問題・リスクの対策を即時行うため、組織の権限移譲が進み、グローバルで集中的にコントロールする部分とリージョナルでコントロールする部分が定義され、集中プロセスと自律分散プロセスを組み合わせたものになります。

　経営層が判断する粒度である金額や製品群等集約された情報から、オペレーション層が実行に移すために必要な粒度である数量・SKU等の詳細情報への変換・ブレークダウンとオペレーションの実行粒度から経営層が判断する粒度へのサマリが行われ、計画から実行の上下の相互連携・変換がIT的にもサポートされます。

用語解説

KPI：
Key Performance Indicatorの略。重要業績評価指標のこと。業務や経営の目標の達成度合いを定量的に測るための指標。

EMS：
Electronics Manufacturing Serviceの略。主に電子機器製品の生産を受託するサービスまたは企業のこと。この場合、製品は委託元企業のブランドとなる。EMS企業は複数企業の製品を取り扱うことでスケールメリットを図り、委託企業にとっては生産コスト削減が図られる。生産のみを受託する企業、生産形態をOEM（Original Equipment Manufacturing）、生産だけでなく、設計・開発から製造までを行う企業、生産形態をODM（Original Design Manufacturing）と呼ぶ。ただし、企業によりEMS、OEM、ODMの定義・呼び方は異なることがある。

SKU：
Stock Keeping Unit（最小管理単位）。製品・部品等物理的に識別される個別品目単位。

3 現状レベルの把握（診断）

　SCM/S&OPのあり方は企業により多様なので、前述のLevel 1~3までのSCM/S&OPの7つの軸の成熟度は、必ずしも同一レベルにあるわけではなく、これまでのSCMに対する取り組み内容や、経緯、置かれている状況などにより進んでいる部分と、進んでいない部分が混在しているはずです。そのため7つの軸それぞれで今現在、自社がどのレベルにあるのかを把握することでSCM/S&OPとしての強みと弱みを把握することが重要になります。**図表4-13**に7つの軸ごとの成熟度レベルを判定するための診断項目を記載しています。これらの診断項目の状況を整理することにより現状のSCM/S&OP成熟度レベルが把握でき、強みと弱みが可視化されます。

　7つの軸それぞれがバランスよく成熟していることが理想ですが、実態は特定の軸に偏っており、経験的には以下のケースになっている事が多くなります。

軸	評価項目	評価項目詳細		Level0
上下戦略	目的			数量情報の可視化、共有化
	経営層のSCM/S&OPへの関わり			なし
	SCM/S&OPのスコープ	業務領域		販売・生産個別
		事業・製品領域		なし
		地域軸		販売・生産拠点個別
	SCM/S&OPの対象情報			数量
	使用される金額情報			なし
	金額化対象拠点			金額情報がない
	金額化対象期間			金額情報がない
	ライフ損益把握			NA
組織・人	役割分担と責任範囲			明確な規定なし
	需給組織体系			なし、担当者による個別
	需給管理タイプ			個別分散、リージョナル・組織内管理
	人材育成			担当者のスキル依存
プロセス	維持管理			SCM/S&OPプロセスの維持管理について、役割分担が定義されていない
	標準化/業務ルール	共通		担当者依存、組織・拠点内標準化
		販売計画		販売担当者依存、販売組織・拠点内定義
		生産・調達		生産・調達担当者依存、生産組織・拠点内定義
		需給調整		ルールなし、都度個別判断
		在庫		ルールなし、組織・拠点別に在庫の持ち方を規定
	計画立案期間	販売		販売担当者依存、販売組織・拠点で異なる範囲の販売計画立案
		生産・調達		生産・調達担当者依存、生産組織・拠点で異なる範囲の生産計画立案
		計画連携		販売計画と生産計画を個別に立案

図表4-13　SCM/S&OP

第4章 儲けを生むSCM/S&OPの始め方―プロジェクト企画―

Level1	Level2	Level3
サプライチェーンの効率化 欠品回避 在庫削減LT短縮	金額情報の可視化、共有化 売上最大化 コスト最小化	ビジネスの収益性向上 利益最大化
経営層へのレポート(下から上)	経営層の需給調整判断(短中期上下連携)	経営層戦略の計画折込 (中長期上下連携)
販売・生産連携	企画・設計・販売・生産連携	企画・設計・販売・生産・財務連携
特定事業、特定製品	全事業、全製品、キー部品	全事業、全製品、全部品
主要販売・生産拠点のみ	全販売・生産拠点	全販売・生産拠点+サービス拠点
数量+拠点内金額	数量+グローバル連結金額	数量+グローバル管理連結金額
実績単価、売上、原価	売上、粗利、営業利益	限界利益等、予想単価、原価
販社のみ	販社+本社	全拠点
過去期間のみ	過去+未来(短期のみ)	過去+未来(中長期まで)
商品単位	商品+オプション部品	商品+オプション部品+保守サービス(ソリューション)
販売・生産・需給調整機能の組織役割分担と販売・生産・在庫責任の明確化	企画、設計部門との役割分担明確化並びに経営層の需給調整への関与範囲の明確化	利益責任を含めた役割分担と責任範囲の明確化
オペレーショナル需給調整組織	オペレーショナル需給調整組織+経営層エスカレーション	戦略的事業管理組織
グローバルレベルでの組織間集中管理	グローバルレベルでの組織間集中管理、製品・事業の優先度に応じた意思決定	リージョナル自律最適とグローバル集中管理
業務規定による単純業務の品質向上が明確化され必要な人材レベルが規定されている	需給調整を含めた判断基準が明確化され、必要な人材レベルが規定されている	
需給調整組織にSCM/S&OPプロセスの維持管理の役割が定義されているが、実際に機能していない	需給調整組織にSCM/S&OPプロセスの維持管理の役割が定義され、定期的なチェック及びプロセス改善が図られている	Level2に加え、SCM/S&OPプロセスの実務部隊と異なる組織にて、定期的なプロセス運用の監査が行われている
関係部門と連携した標準化	標準化プロセスと差別化プロセスの明確な定義	予算策定プロセスと需給計画プロセスを統合した業務ルールの定義
生産計画と整合性をとった販売計画立案プロセスの定義、需給調整結果に対する販売計画の見直しプロセスの定義	地域や製品の特性を考慮した販売計画プロセスの定義	売上予算と販売計画の相互連携並びに見直しプロセスの定義
販売計画と整合性をとった生産・調達計画立案プロセスの定義、需給調整結果に対する生産計画の見直しプロセスの定義	地域や製品の特性を考慮した生産・調達計画プロセスの定義	売上予算、生産予算と生産計画の相互連携並びに見直しプロセスの定義
需給調整ルールを定義し、管理層による数量視点での意思入れを実施	エスカレーションルールを含めた需給調整ルールを定義し、管理層による数量+金額視点での意思入れと経営層の金額視点(売上・コスト視点)での意思入れを実施	経営層を含めた計画立案、需給調整ルールを定義し、管理層による数量+金額視点での意思入れと経営層の金額視点(利益視点)での意思入れを実施
サプライチェーン全体を通じた在庫方針(製品・半製品・部品のストックポイント、量)を全体ルールとして運用	地域や製品の特性を考慮した効率的な在庫方針(製品・半製品・部品のストックポイント、量)を全体ルールとして運用	数量視点のみならず、金額視点で在庫量を評価した運用の実施
販売組織、拠点で統一された当月から翌月等の短期中心の計画立案	長納期品を含む、生産・部品の手配が必要な期間までを考慮した立案	予算策定に必要な期間まで立案、または予算から連動して立案
生産・調達組織、拠点で統一された生産実行に必要な当月から翌月等の短期中心の計画立案	販売計画と生産・調達計画を連動し、生産準備・長納期手配を含めて連動して立案	予算策定や生産投資判断に必要な期間まで立案、または予算から連動して立案
販売計画と連動した生産計画立案	販売計画と連動した生産計画立案を行い、予算対比を合わせて実施	予算策定と販売計画、生産計画の連携

レベル診断項目

軸	評価項目	評価項目詳細	Level0
プロセス	サイクル	販売計画立案、見直し	主に月次での販売担当者、販売組織や拠点で異なるサイクルで販売計画を立案。計画の見直しは特に行わず、当月終了まで当初販売計画のまま
		生産・調達計画立案	主に月次での生産・調達担当者、生産・調達組織や拠点で異なるサイクルで生産計画を立案。計画の見直しは特に行わず、当月終了まで当初生産計画のまま
		需給調整	問題発生の都度個別調整
	会議体		なし。問題時に都度担当者間でコミュニケーション
プロセス	最新テクノロジーの活用		活用していない、もしくは活用を検討し情報収集している段階
評価・分析	モニタリングKPI	販売部門	無しまたは、受注残・製品欠品等発生問題のみ
		生産・調達部門	無しまたは、生産遅延・部品欠品等発生問題のみ
		需給調整部門	無し
	評価KPI	販売部門	売上予算、達成率
		生産・調達部門	生産予算、コストダウン率
		需給調整部門	無し
	評価サイクル		期レベルの評価
	分析		特になし、結果のみ
外部	外部情報の活用	マーケット情報	マーケット動向/競合情報/シェア情報等の市場情報を入手していない、もしくは必要に応じて調査している
	外部連携	顧客Forecast	入手していない、もしくは注文のみ入手できている
		生産委託先からの納期回答	入手していない
		サプライヤーからの納期回答	入手していない

図表4-13　SCM/S&OP

Level1	Level2	Level3
主に週次での販売担当者、販売組織・拠点で統一したサイクルで販売計画を立案。週次販売実績を元に当月を含む販売計画を週次で見直し	経営層のレビュー、意思入れサイクルを加味した月次と週次での整合をとった販売計画立案。日次の販売動向から必要に応じて都度見直し	予算策定と連動した年次、期、月次、週次での整合をとった販売計画立案。必要に応じ都度見直し、予算の見直しと連動。
主に週次での生産・調達担当者、生産・調達組織や拠点で統一したサイクルで生産計画を立案。週次生産実績を元に当月を含む生産計画を週次で見直し	経営層のレビュー、意思入れサイクルを加味した月次と週次での整合をとった生産計画立案。日次販売実績を元に当週を含む生産計画を日次で見直し	予算策定と連動した年次、期、月次、週次での整合をとった生産計画立案。
販売計画立案と生産計画立案サイクルと同期をとった需給調整の実施	販売計画立案と生産計画立案サイクルと同期をとった需給調整の実施、並びに問題発生時の日次での需給調整の実施	予算策定、見直しサイクルと整合をとった需給調整の実施
計画サイクルに合わせた管理層中心の生販会議を定義し、状況供給と計画の数量レベルでの合意を管理層間で実施	計画サイクルに合わせた管理層中心の生販会議と、経営層レビューを会議体として定義し、金額を含めた計画の合意を実施	経営層を含めた合意形成、調整の場をS&OP会議として定義し、金額・数量双方の観点での合意形成・調整を常に実施
IoT/AI/RPA等、最新テクノロジーの業務活用を試行している段階	IoT/AI/RPA等、最新テクノロジーを一部業務に活用している	IoT/AI/RPA等、最新テクノロジーを主要業務に活用している
販売計画と生産計画、需給調整結果に基づく、短期将来的な製品欠品リスクを監視	販売計画と生産計画、需給調整結果に基づく、中長期的な製品欠品リスク並びに金額インパクトを監視	販売計画と生産計画、需給調整結果に基づく、中長期的な製品欠品リスク並びに金額・利益インパクトを監視
販売計画と生産計画、需給調整結果に基づく、短期将来的な製品欠品リスク等の販売への影響と部品欠品、キャパシティ不足など生産遅延リスクを監視	販売計画と生産計画、需給調整結果に基づく、中長期将来的な製品欠品リスク等の販売への影響と部品欠品、キャパシティ不足など生産遅延リスク並びに金額インパクトを監視	販売計画と生産計画、需給調整結果に基づく、中長期将来的な製品欠品リスク等の販売への影響と部品欠品、キャパシティ不足など生産遅延リスク並びに金額・利益インパクトを監視
販売、生産部門双方の短期的リスク並びに在庫過不足リスクを監視	販売、生産部門双方の中長期的リスク並びに在庫過不足リスク並びに金額インパクトを監視	販売、生産部門双方の中長期的リスク並びに在庫過不足リスク並びに金額・利益インパクトを監視
売上予算、達成率 販売計画精度（数量）	売上予算、達成率 販売計画精度（数量・金額）	売上予算、達成率 販売計画精度（数量・金額）
生産予算、コストダウン率 納期遵守率（数量）	生産予算、コストダウン率 納期遵守率（数量・金額）	生産予算、コストダウン率 納期遵守率（数量・金額）
在庫月数、在庫回転期間（数量）	在庫月数、在庫回転期間（金額）	在庫月数、在庫回転期間（金額） 利益率、利益達成率
期・月次レベル評価	期・月・週次レベルの評価、問題原因分析の掘り下げ、推移確認	期・月・週・日
人手による問題時の原因情報収集、分析	問題発生時の詳細情報、過去推移分析のプロセス、システム組込み	問題発生時の詳細情報、過去推移分析のプロセス、システム組込み並びに、計画立案時の想定シナリオとの差異要素分析
戦略商品について、マーケット動向/競合情報/シェア情報等の市場情報を入手している	マーケット動向/競合情報/シェア情報等の市場情報を入手し、営業戦略や商品戦略に活用できている	Level2に加え、生産設備投資/長納期部材先行手配/ストックポイント見直し等、SCM戦略にも活用できている
一部顧客について、注文＋内示情報が入手できている	主要顧客について、注文＋内示情報が入手でき、必要に応じて計画立案に参照できている	主要顧客について、注文＋内示情報が入手でき、計画立案プロセスに組み込まれている
一部生産委託先について注文に対する納期回答が入手できている	主要生産委託先について注文に対する納期回答が入手でき、必要に応じて計画立案に参照できている	主要生産委託先について注文に対する納期回答が入手でき、計画立案プロセスに組み込まれている
一部サプライヤーについて注文に対する納期回答が入手できている	キーパーツについて注文に対する納期回答が入手でき、必要に応じて計画立案に参照できている	キーパーツについて注文に対する納期回答が入手でき、計画立案プロセスに組み込まれている

レベル診断項目（つづき）

軸	評価項目	評価項目詳細	Level0
情報	定義	マスタコード定義	品目コード、顧客コード、仕入先コード等サプライチェーン主要マスタコードの個別、組織・拠点別定義
		マスタ情報定義	リードタイム、ロットサイズ等のサプライチェーン主要マスタの明確な定義なし、または個別、組織・拠点別定義
		トランザクション情報定義	販売実績、出荷実績、在庫、生産実績等各種実績トランザクションの明確な定義なし、または個別、組織・拠点別定義
		計画情報定義	販売計画、生産計画の時点、計画の基準（売上基準、出荷基準、FOB、CIF等）の明確な定義なし、または個別、組織・拠点別定義
	共有度	販売計画、実績	担当者または販売組織や拠点内のみ
		生産・調達計画、実績	担当者または生産・調達組織や拠点内のみ
		在庫見込み、実績	担当者または拠点内で実績在庫のみ
	粒度	販売実績	製品、月等のサマリ情報のみ管理
		生産・調達実績	品目、月等のサマリ情報のみ管理
		在庫	品目等のサマリ情報のみ管理
	鮮度・更新頻度	販売実績	月次等まとめて処理、拠点により異なるタイミングで更新
		生産・調達実績	月次等まとめて処理、拠点により異なるタイミングで更新
		手持ち在庫	月次等まとめて処理、拠点により異なるタイミングで更新
		輸送中在庫	月次等まとめて処理、拠点により異なるタイミングで更新
		マスタ	品目マスタ、BOMなど主要マスタが実績処理後に事後的に更新されるケース有り。
システム	実行系	販売管理	システムなし、もしくはExcel等の簡易ツール
		生産管理	システムなし、もしくはExcel等の簡易ツール
	計画系	SCM	システムなし、もしくはExcel等の簡易ツール
		S&OP	システムなし、もしくはExcel等の簡易ツール

図表4-13　SCM/S&OP

Level1	Level2	Level3
グローバル共通コード、個別コードの変換が可能なコード定義	グローバル共通コード定義	
リードタイム、ロットサイズ等のサプライチェーン主要マスタのグローバル共通での定義	リードタイム、ロットサイズ等のサプライチェーン主要マスタを得意先、仕入先等外部も含めて定義	
販売実績、出荷実績、在庫、生産実績等各種実績トランザクションの計上ポイント、管理範囲をグローバルで共通に定義	販売実績、出荷実績、在庫、生産実績等各種実績トランザクションの計上ポイント、管理範囲を得意先、仕入先等外部も含めて定義	
販売計画、生産計画の時点、計画の基準(売上基準、出荷基準、FOB、CIF等)をグローバルで共通に定義	販売計画、生産計画の時点、計画の基準(売上基準、出荷基準、FOB、CIF等)を得意先、仕入先等外部も含めて定義	
生産部門等関連組織と将来の予定を含めて共有	金額情報に換算して経営層と共有 設計開発部門等全社で共有	
販売部門等関連組織と将来の予定を含めて共有	金額情報に換算して経営層と共有 設計開発部門等全社で共有	
販売・生産組織と関係組織間で将来の予定を含めて共有	金額情報に換算して経営層と共有	
実行系では明細別 計画業務ではサマリ情報	計画業務でも明細情報が使用され、問題発生時の掘り下げが可能	
実行系では明細別 計画業務ではサマリ情報	計画業務でも明細情報が使用され、問題発生時の掘り下げが可能	
実行系では拠点、倉庫、棚別 計画業務ではサマリ情報	計画業務でも明細情報が使用され、問題発生時の掘り下げが可能	
日次で更新され、全拠点で同一タイミングで更新	全拠点でリアルタイミングで更新	
日次で更新され、全拠点で同一タイミングで更新	全拠点でリアルタイミングで更新	
日次で更新され、全拠点で同一タイミングで更新	全拠点でリアルタイミングで更新	
日次で更新され、全拠点で同一タイミングで更新	全拠点でリアルタイミングで更新	
品目マスタ、BOMなど主要マスタが実績処理前に確実に更新される。	品目マスタ、BOMなど主要マスタが計画立案開始に必要となるタイミングで確実に更新される。	
主要拠点に販売管理システムが導入されている	全拠点に販売管理システムが導入されている	グローバル共通の販売管理システムが導入されている
主要拠点に生産管理システムが導入されている	全拠点に生産管理システムが導入されている	グローバル共通の生産管理システムが導入されている
グローバルレベルでのPSIが共有できるツールが導入されている	グローバルレベルでのPSI計画立案/調整が行えるツールとして、最適化エンジンや高速シミュレーションを活用したツールが導入されている	Level2に加え、グローバルレベルでS&OPと連動したツールが導入されている
PSIを単純金額換算してツールが導入されている	グローバルレベルでのPSIと連携し、数量と金額の換算が行えるツールが導入されている	予算プロセスや見通しプロセスも連動し、ビジネスへの影響を考慮した意思決定を支援するツールが導入されている

レベル診断項目(つづき)

◆**IT先行型**

　IT投資が先行して行われていますが、業務的に使いこなしができていないケースです。

　ITドリブンでのSCM/S&OPの取り組みを行い、高度なSCPパッケージ等を導入し、多くの機能をもった仕組みがありますが、下記の理由などから業務の実態とITの乖離が起きている事がほとんどです。

- 業務要件・運用の検討が不十分なままパッケージ導入を行った
- 高度な業務・ITを目指したものの例外ケースの検討が不十分だった
- ITに複雑なロジックの計算を詰め込み過ぎた
- 業務ユーザーへの教育が不十分であった

　基本的には既存のITや仕組みを活用するための組織・業務プロセスの強化が必要となりますが、過度にITを複雑化している場合は逆に運用可能な業務レベルを見据えた上でのIT単純化が必要になる場合もあります。

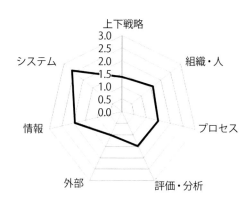

図表4-14　IT先行型のケース例

◆業務先行型

上下戦略・組織・業務プロセス的にはある程度成熟しているケースです。

プロセスを回すために必要となる情報収集や計画立案・情報共有の多くを人手に頼っていることが多く、業務運用の負荷が非常に高いものとなっていると考えられます。またITによるサポートがないことから手作業によるミス等により情報・計画精度にバラツキがあり、業務品質は低い可能性があります。IT強化による効率化が必要となりますが、レガシーやERPなど既存ITの複雑性等により業務側でカバーしている場合もあるため、どれを強化すべきかを見極める必要があります。

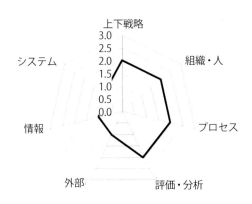

図表4-15　業務先行型のケース例

◆オペレーション先行型

業務・システムともにバランスよく成熟していますが、現場層のプロセス中心のケースです。

経営層を含んだSCM/S&OPの目的の再設定と役割分担の見直し・プロセスの再設計を図り、経営層を巻き込んだ取り組みを行うことで意思決定力の強化を行うことが有用です。

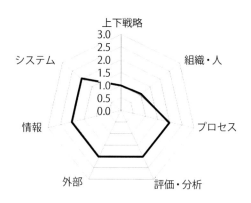

図表4-16　オペレーション先行型のケース例

業界実例（診断ケース）

　初版発刊以前・以降、様々な業種・業界のクライアントにおいて、前述の「SCM/S&OPレベル診断」を実施しています。各社とも取り扱う商品・商材の他、事業ポートフォリオやこれまでの事業背景による特徴が見出せます。商品や設備・バリューチェーンの構造といったハード的な要因だけでなく、会社の生い立ち・文化といったソフト要因に影響され、有効な打ち手も各社それぞれで異なるものとなっています。

◆診断ケース1

　マネジメントや営業-生産管理者のSCMに対する意識は高く、PSI計画に対しての意思決定や共有の場を重要視している会社です。また、動機付けのためSCMの評価KPI運用も進んでいます。

　ただし、販社-工場間の情報連携の実態は、人手＋複数システムでリレーされ、随所に計画の意思・補正が入り、製販で整合・唯一の情報のタイムリーな取得が困難なため、誤った情報での報告・意思決定がなされるリスクを有しています。

　このようなケースでは、意思入れポイントを絞った上で、唯一の計画

の合意形成を得るプロセス・組織設計、および販社-工場間の計画情報を素直に相互連携する情報基盤導入の効果が大きいケースと言えます。

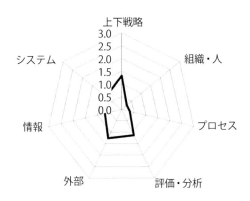

図表4-17　診断ケース1

◆診断ケース2

　比較的短期の需給調整計画の組織が確立され、出荷予測、在庫リスク管理などの納期遵守管理の運営がしっかりされている会社です。
　また、消費者に近い商品・商流のため、マーケティング、受注・出荷に関連するKPIや、社外流通側の情報管理レベルは評価できるものでした。
　一方、中長期の収益観点での需給計画・判断プロセスはほとんど存在していません。情報管理においても、流通側の数量管理は強いものの、計画・判断に必要な金額や調達関連の情報はあまりされていないのが実態です。
　個別に見ていくと、一部地域・事業部でS&OPプロセスや情報整備が進んでいるところもあります。個別に進んでいるモデルをリファレンスとして、標準ルール・プロセス検討するアプローチが有効です。

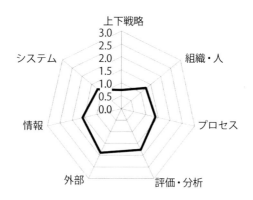

図表4-18　診断ケース2

◆ 診断ケース3

　金額ベースのPSIの数字を元にした意思決定プロセス（S&OP）や、KPIの運用が確立されています。また、サプライチェーンに関する組織が、SCOR（Supply Chain Operation Reference Modelの略、SCMに関する世界最大の非営利団体であるAPICSのフレームワーク）に沿って、業務機能の切り分け、職務の明文化がされ、組織および個人の責任が明確になっています。

　一方、短・中期の需給調整、および長期の収益確保の意思決定が、Excel・Accessにて運用されており、経営から現場、調達から生産、販売に至るまでのタイムリーな意思疎通が阻害されています。その間に起こる諸問題を、個人間のコミュニケーションで解決しているのが実情です。

　情報の一元管理を実現するための基盤を構築し、意思決定の精度とそこに至るまでの効率を上げることが効果的です。また、その情報基盤を活用して、外部との連携、関連会社とのコラボレーションを強化していくことも可能です。

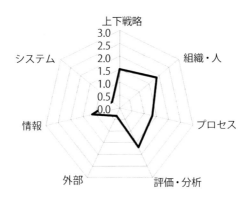

図表4-19　診断ケース3

その他の診断ケース

　日用雑貨品を扱う企業では、商品のブランド力を活かした顧客との協業が進んでいました。しかしながら過去に行った大きなSCM改革のままで永年業務を続けてきた結果、ブランドごとの収益性やサプライヤー側との協業が弱まってきています。その為、ブランドごとの収益を把握し、より収益性の高いブランドの需給調整をレベルアップするというS&OPと、生産の後の配分効率の向上のためのSCMを方向性として導き出しています。

　他にも製薬業・半導体製造業など様々な企業からの診断・棚卸の依頼が増えており、今後もこういった自社の位置や今後の方向性を改めて見直すということを希望する企業は増えてくると想定しています。

4 目標レベルの設定

現状のSCM/S&OPの成熟度レベルを把握することでどの領域を改善していくか、伸ばしていくべきかといった方向性はある程度見えてきます。新たに、または再度SCM/S&OPに対する取り組みを行う場合の目標レベルを置くに当たり以下を留意すべきと考えています。

忘れてはならない海外拠点の視点
海外に販売・生産拠点をもつ企業では、日本国内だけで販売・生産する場合と異なり、グローバルでのSCMは実際に兵站が長く時差があるなかでの業務プロセスとなります。日本国内のみにいる時のようにリアルタイムに「あ・うん」のコミュニケーションが取れるわけではありません。しかし日本だけで考えていると、言葉ではわかっていても感覚ではグローバルの各海外拠点とはわかり合えていないものです。

このようなグローバルの各販売拠点や生産拠点の状況を前提にしてSCM/S&OPを考える時には、下記を前提条件に置くべきです。
- 日本と同じようにモノが届かない
- 日本と同じようにモノが作れない
- 日本と同じようにモノを届けられない
- 日本と同じように現状を把握できない
- 日本と同じように改善していけない

これらを念頭に置いた上で、各拠点と全体で目指すレベル感をステークホルダー全員で合意・認識しておく必要があります。

単にグローバル全拠点で精緻な計画を立てようとしてしまうと、結局は各地域の特性や予想できない出来事に振り回されて「ブレ」になってしまいます。

前述の通り成熟度レベル定義では7つの軸を用いて成熟度のバランス

を把握・評価が可能ですが、明らかに弱い領域がない場合、全部の軸を満遍なく上げていくよりも、あえて尖った領域を作ることで成熟度を上げていくことが有効なのは、グローバルの各拠点の状況を考えても同じことが言えます。

だからこそ将来の情報は予測できず変動するということを前提に、精緻に計画する事よりもグローバルの大局を把握しながら各地域の特性と会社としての方向性を擦り合わせた上で、自社の既存の仕組みや構造、ITシステムから収集可能な情報を元にしてサプライチェーンをデザインする事が肝になります。新しいサプライチェーンの実行においては、必ずPoC（Proof of Concept）として製品や地域などを絞った上でプロセスをトライアルで回してみて、継続的に問題点を見つけて改善しながら適用領域を広げていくという方策を、日本本社や地域本社もしくは特定地域のマザー工場などが主導して、適切なリソースをアサインした上で実行していくというやり方が有効なのです。

以上のように、各海外拠点（販社・工場）の現況を考えると、SCM/S&OPの検討を始める際に留意すべきポイントがわかります。当たり前ではありますが、あえて明確に言うならば、日本の基準では無く各海外拠点の現状を理解・把握する、ということです。

- いつのタイミングでどのような情報なら取れるのか
- 情報の精度はどれ位なのか
- 各海外拠点（販社・工場）で現実的に担当できる役割
- 日本本社や地域統括会社が真に支援するべき範囲

そして、結果として数量を合わせるだけという調整に各拠点の時間と労力を要するようなオペレーションについて、それが本当に正しい姿なのかを見直す必要があります。本社もしくは地域統括会社として「どこで・何を売って・利益を上げるのか」を明確にした上で、年間を通してブレなく進める部分と、ブレを「許容」しトータルで考えて対応する部分を分けて各役割を効率的に果たす事で、結果的により利益が出る企業

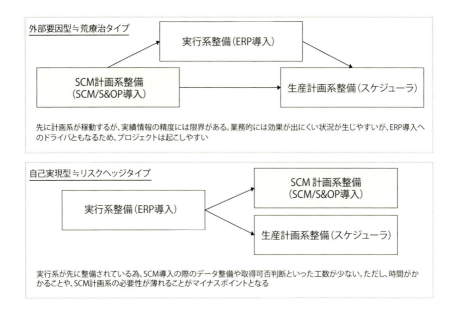

図表4-20　SCM/S&OPと関連プロジェクトの取り組み順序

活動へとつなげていくのです。

荒療治も十分に有り得る

図表4-20にSCM/S&OPプロジェクトの取り組み順序におけるパターンを示します。

日本企業の性格・性質上、現場層→経営層、実行基盤→計画基盤等土台を整備してからステップアップしていくという発想が見られます。

順序としては確かに確実ではありますが、実行系の整備に必要となる投資規模や時間等からSCM/S&OPに取り組めず、一向に進まないといった状況に陥ってしまうことも事実です。逆の発想で計画基盤を先行させ、全体や将来の状況や計画を把握することで効果を出しつつ、実行基盤が必要となる要件を明確化させることで全体の取り組みを加速化させた事例も存在します。むしろ、弊社の事例ではこちらのケースが多いのが実情です。

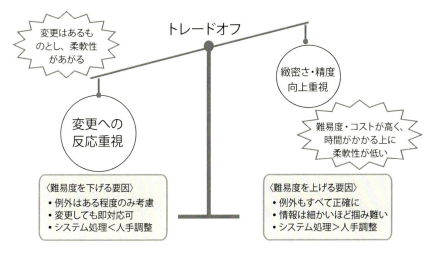

図表4-21　緻密性と反応性の天秤

　また、海外進出の際に、現地企業との合弁を選択した企業もあると思います。こういった場合はERPなどの実行基盤を準備することが政治的にも風土的にも難しく、元のシステムを使い続けるしかないという判断がありえます。そういった場合、SCMといった計画系業務で情報をカバーするという考え方で進むしかありません。

始めるに当たりIT投資は必ずしも必要ではない

　S&OPの定義は様々ですが、財務情報と需給計画の統合・一致・整合を完全に図るものと捉えると現実味がなく実行に移せません。本書では3章で述べたようにS&OPは金額を元に意思決定を図るプロセスととらえています。そのためS&OPは将来の予定を金額情報で掴み、意思決定・認識合わせをしていく事が主眼です。将来の情報は変動要素が大きく、精緻に計画する事よりも変化点や大局を掴む事の方が重要です。まずは既存の仕組やITから収集可能な情報を元に重要な製品等に絞った上でプロセスを回し、問題点を見つけて行く方が変化の激しい環境下では有用です。

5 プロジェクトの予算化

　目標とするSCM/S&OPのレベル感をおおまかに設定した後のプロジェクト予算化の際に壁となる代表的なものを3点、紹介したいと思います。

　前述の通り、各企業の置かれている状況や過去の取り組み内容、今後の目標レベルには様々な差異があります。しかしながら、いざプロジェクトを実行に移す前には、ほぼ確実にいずれの企業においても大きな壁があるものです。
　まず1つ目の壁は「投資対効果」です。正確に記述すると「投資対効果の創出ストーリーと合意を得る為の説明ストーリーの取りまとめ」と言えます。
　日系企業と外資企業、大企業といわゆるオーナー企業、と言ったようにそのトーンの違いをパターン別の傾向としてまとめることができますが、それは本質的では無い為、ここでの記述はあえて行いません。
　まず本書では、素直にプロジェクトの必要性をロジカルにまとめることをお勧めします。必要以上に練ったり、飾ったり、守ったりすることよりも、第1章で述べたようなロジックツリーを丁寧に本音でまとめている企業が、プロジェクト自体の企画もその後のプロジェクト実行もうまくいきます。なぜなら、皆が意識して何かの折に心の拠り所とする「錦の御旗」が明確になるからです。ここをまとめずに投資対効果を作文することは論理性に欠ける場合も多く、大きな取り組みを行おうとする前段の作業としては適切ではないと考えています。
　また、過去に近しい取り組みを行った企業も多く存在します。S&OPはまだしも、SCMならなおさら、何かしらの類似プロジェクトが存在すると思います。そのような場合は、過去のプロジェクトを否定せず、

過去のプロジェクトで狙った物事と、今回のプロジェクトが狙う物事の比較を行って下さい。終わっているプロジェクトでの未達事項は、いろいろな状況が入り交ざって生じたものであり、それを改めて浮き彫りにして当時の反省をするよりも、狙った目的の違いがある場合はそこを対比させる方がプラス思考であり脳裏に入りやすいものと考えています。しかしながら、もし大失敗事例としての教訓や評判がある場合は、そちらも盛り込んで「錦の御旗」を作成しましょう。

そしてようやく投資対効果の算出に目を向けます。この手のプロジェクトで注意すべき点は3つあります。
①「計画系」であること
②したがって「将来の数値」を扱うこと
③様々な要因が絡むため、正確に算出することは容易では無いこと

①・②から言えることとして、SCM/S&OPの取り組みを進めることで改善されるのは、将来起こりうるマイナスの事項に対し、事前に打つ対策がマイナスの被害を押さえうるということです。よって、起こることを防いだマイナスの被害と、結果的に実績として現れた数値とを比較して出される効果だということです。つまり、比較の片方が「仮説」なのです。起こらなかったことに対する効果となります。これをプロジェクト企画時点で想定し、「効果」として「仮説」するしかありません。しかしこれだと100％の論理性を持つことができない為、数値化することは難しくなります。

では、実際の取り組みではどういうストーリーにしていることが多いかというと、2015年度にプロジェクトを起こすのであれば、2014年の計画値と実績値を見比べ、今回のプロジェクトで目指すことを行ったとしたらどのようなマイナスを防げたのかという形を取っている企業が多くみられます。説明はしやすいのですが、2014年度に起こったことが2015年度にも起こるという仮説に基づくしかありません。つまりこれ

も「仮説」を含むため、100%の論理性を持っているわけではありません。

　まとめると、お伝えしたいのは、いずれの方法を取るにしても①・②という特徴を持つ為に100%の論理性を持った投資対効果をはじき出すことは難しいということになります。言い換えれば、「投資対効果」には定量効果と定性効果がありますので、定性効果も交えてストーリー作りをすることが大事と言うことになります。

　一方、③の点からも注意すべきことがあります。将来の計画数値を正しく算出するには、実績の精度が重要になります。現時点の在庫実績に受注実績、発注実績等を加味し、今後どの程度の生産・調達が必要になるのかを算出するベースになるためです。この関係がプロジェクト途中に明確になり、実行業務の見直しや関連ITの改修などが起きます。実はこれだけでも「投資対効果」があるのです。こういった、プロジェクト途中に出てくる派生プロジェクトからもたらされるものが含まれて最終的な効果が表れると考えておくべきです。

　また、①・②の部分で申し上げたように、今後始めようとするプロジェクトの最中に、過去になかった事象が起こり、プラスやマイナスに影響することがあります。プロジェクトが1日で終わるものでない現実から、そのような事象が起こり投資対効果に影響が出ることもあります。

　また、ITの導入を可能性として考えている場合、予算に大きな影響を及ぼします。ここでは是非、RFI（Request for Information）を活用し、大枠の予算感を把握して取り込んで下さい。ある程度の幅を持つ形にならざるを得ませんが、プロジェクト開始当初にITの構築費用を精緻に見積もることは不可能です。幅を持って加味することが重要です。

　以上より、投資対効果の取りまとめには非常に難しいものがあります。事例はあくまで事例であり、自社にそのままあてはまるものではないのですが、ここに関しては類似業種の事例などをコンサルタントに聞

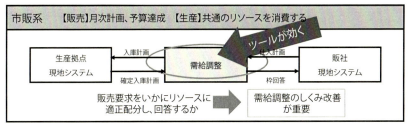

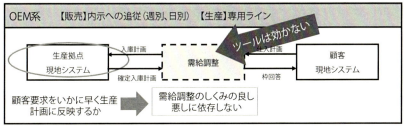

図表4-22 市販系(BtoC)とOEM系(BtoB)の違い

くことも有効かと思われます。

　また、この段階で周辺の関連部署等からの質問や確認がでやすいものとして、「実行系を整備することを急ぐ」のか「計画系の整備を急ぐ」のかといった声があります。後者は荒療治となりますが見えることが先に実現できるため、改革のスピードは上がります。

　一方、前者は足元を固めてから動く形となる為、複数年かけた整備の後に計画系となり、安心ではあるものの全体の進行は遅れます。最近では、即効性を求め、計画系より始める企業が増えていることを実感しています。

　さらに、この疑問点に関してはビジネスモデルが影響します。ある企業では市販系(BtoCモデル)とOEM系(BtoBモデル)が存在し、前者は需要のブレや仕向けの共通化などがあり、中間での橋渡しとなる需給調整業務に大きな意味がありました。一方、後者は行き先が決まっている製品が多く、かつ、顧客が非常に強いコントロール権限を持ってい

た為に調整ではなくなんとか生産の対応を行うという点に意味があった為、需給調整に大きな意味はありませんでした。こういった点からも計画系か実行系の選択を検討することをお勧めします。

　2つ目に企画時に問題となりがちなものは「体制」です。言うまでもなくプロジェクトは組織体系を持ち、そこにアサインされる人員を要します。そこにアサインしたい優秀な人員は優秀であるからこそ現業に忙しく、なかなか専任でのアサインは難しいのが実情です。この点をあらかじめ理解した上で、チームの置き方とそこにアサインする人員の検討を進める必要があります。

◆チームの置き方

　SCMやS&OPは広範囲の業務に関わる取り組みとなります。そのため、販売系・本社系・生産系に大きく区分けされます。細かく分ける場合は物流系・調達系などを追加する場合もありますが、そもそもチーム間をまたがる検討項目（後述）が多く存在する為、大きくとらえたチーム構えの方が向いています。また、プロジェクトのフェーズによっても異なり、企画・構想をしている段階とIT導入が絡む場合の後段のフェーズでは変えて行くことを考えます。時には横断的なチームの設置も有効となります。

◆アサイン人員に必要なスペック

　販売系や生産系はその道に通じた人員をアサインすることでまずはまかなえますが、経験値よりも重要なことがあります。それは広い視野を持ち、直近のみならず数年後を見据えた方向性を仮設できる能力を持っていることが重要です。また、グローバルでの取り組みとなる場合が多い為、言語能力や現地とのリレーションがあることが大きくプラスに働きます。

　一方、本社系（別に需給系と呼ぶこともあります）に関しては、ある

項目	必要な能力
権限	関係各所へのコントロール・指示権限など
知識	現法/生産管理/工場の実業務の実態やプロセスなどの知見＋理論
財務感覚	詳細に科目レベルでは不要だが、基本的な仕組みは要把握
業務経験	上記知識の裏づけとなる複数部署・事業の経験がある方がよい
工数	限られた工数内での自身の負荷調整能力が必要
ネットワーク	各部署へのネットワークを持ち、本音を聞きだせるパイプがあること
言語	日本語/英語
思考	部分最適よりも全体最適、論理的思考だけでなく融通が必要
キャラクター	敵を作らない、うまく立ち回るタイプ
モラル	販売・生産双方の状況を鑑みた上での戦略的意思決定(偏らない)
リード	個部署ではマイナスになることでも、巻き込み、リードする力が必要

図表4-23　SCM/S&OPを担当する人員に必要な能力

種特別な能力を必要とします。それは調整能力です。通常業務でも、需給や本社系業務というのは調整能力を要すことは想像に難く無いと思われますが、SCM/S&OPでは即断即決を求められます。調整しつつ、その場で道筋を立て、全体合意を図っていくようなリード力を踏まえた調整能力がキーとなってきます。ただし、レアな人材となる為になかなか確保できない、もしくはいないという状況が起こります。人材開発や近しい人材のキャリアプランを見据えた計画づくりが必要となることを意識すべきでしょう。

　また販売拠点、生産拠点をグローバルに展開している企業において、SCM/S&OPをグローバルで実現するにあたり、海外拠点（工場・販社）から見た現実的な問題点から目を背けることはできません。日系企業の多くは先ず日本国内においてSCM関連の新しい企画やプロジェクトを検討することが多く、それらは当然のことながらグローバルのことを考えていても、どこかで日本の工場を基準に考えられてしまいがちです。

　そういった取り組みを海外拠点から見ると、各拠点の実際を踏まずに

検討が進められているように感じ、「新たなSCMプロジェクトが日本で検討されているらしいが、こちらの実情に合っていないものが検討されるだろうから勘弁して欲しい」、「いま現実に困っているのに、時間を掛けて検討され、結局は暫くのあいだ海外拠点としての取り組みが何もできなくなるからむしろ困る」等と始める前からネガティブにとらえられてしまっていることもあります。

　一方で海外拠点としては「SCMを何とかしたい」「仕組みを変えるのに日本本社から支援が欲しい」「日本で検討しているなら早く開始して欲しい」とは思っているものの、実際に海外拠点が望むことと日本本社の動きが上手くリンクしていない状況を目にすることが度々あります。

　プロジェクトを開始するには「体制」が重要であり、上記のようなスタートでは、その時点で各海外拠点を巻き込んだグローバルプロジェクトが上手くいかない原因の一つになります。

　実際にSCM/S&OPを実現するためのプロジェクトを立ち上げることを考えた時に、現地に十分な余裕のあるリソースがあることはほとんど無い為、プロジェクト企画から本社もしくは地域統括会社を中心としたチームを組み、各海外拠点が現場業務をこなしながら進めていけるような体制を組むということを最初に示すのが肝要です。そうしなければ、ただでさえ忙しい現行業務そのものが疎かになる可能性もあります。日本では周りに同じ役割をカバーできる人が探せたとしても、海外拠点では各役割に日本人は一人しかおらず、他は現地拠点メンバーだけとなると、どうしてもプラスαの取り組みに対する躊躇が大きいと思います（もちろん日本本社にリソースの余裕があると言っているわけではありませんが、あくまでも組織としての規模やスキルの高い人員の割合での比較という意味）。

　そして、プロジェクト終了後には日本本社からの支援が無くなっても、各海外拠点が自身だけで新たな考えや仕事の進め方を実行できるよう、プロジェクトを実際に始める前からその目的の共有やプロジェクト

の拠り所となるポイントの認識合わせ、プロジェクト後半における各海外拠点のローカルメンバーに対する定着化、プロジェクト終了後のルーチン化まで気を配る必要があります。決して本社が決めた理想的なやり方の押し付け、本社からのツール利用の指示だけでは、本来の海外拠点が問題認識していることの解決や、本社が考えるグローバルでの最適化というような目的が達成できないのは言うまでもありません。

　本社や地域統括会社が責任を持って適切なリソースを準備することが重要で、各海外拠点の現状やリソース状況をフォローすることなく依頼を投げると、結局は海外の現場が無理な対応をして何となくプロジェクトは進んでしまいます。途中からは、プロジェクトが進んでいるように見せることが目的になってしまう可能性もあり、プロジェクトの意味がなくなってしまうのですが、状況によっては誰もそれを言いだせません。大変シンプルな話で、今さら何を言っているのだと思われる方もいらっしゃるかもしれませんが、やはり最初の体制作りが肝心なのです。

　各海外拠点は改めて与えられた役割を認識し集中して実践する事で、実行できる業務レベルを成長させていければ、単に低賃金の労働力を活用した数量合わせのSCMから脱却して次のステップへ進めるでしょう。

　図表4-24はある企業でのリソース配置の例です。各拠点のメンバーには、本社で定義したグローバルでの共通ルールやプロセスを説明した後に、そこに付け加えるべき要件を出すという役割を課しています。

　最後に3つ目、「開始する時期」です。

　陥りがちな状況としては、「わかったが今すぐに始めるべきなのかどうか」です。「今しなくてもよい」はそれほど難しくなく説明ができる場合が多いものです。企画段階であり、詳細が煮詰まる前ですから、否定要素を指摘することや障害となるものをぶつけることがしやすい為です。少し話がそれますが、そういった際に有効であるのがトップダウンです。日系企業ではなかなかそういった事象に出会いませんが、プロジェクトのドライブに効く場合が大半です。効かない場合は、論理性が

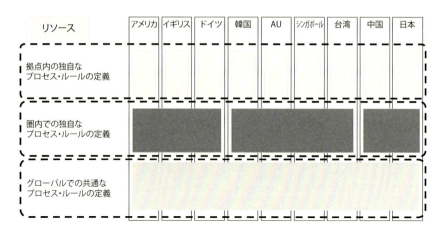

図表4-24　アサインリソースに必要な能力

あまりにも無い状態で号令をかけていることが理由となりがちです。

　あるパッケージベンダーでは、S&OPに関するライセンスの売上が2013年度に10倍弱になっています。やり始めている企業は増えているという状況です。自社内の納得感を得るまで始められないというのは、本当に改革の必要性が無い事業なのか、もしくは本当に改革の必要性を精査できていないのか、のどちらかと言い切れると考えています。

　結論としては、ある程度のストーリーが立てば始めるべきと考えます。ある企業の役員がおっしゃっていた言葉が印象に残っています。「ROIなどを完全な形でプロジェクトの前に作りたいのは理解できるが、それはすなわち、プロジェクトを進めているのと同じことだ」。これは言い得て妙であり、ROIの証明や実感はプロジェクトを前に進めないとできない、または感触を得られないことなのです。SCM/S&OPは元々決まり決まったルーチン業務ではなく、色々なシナリオを想定し経験に基づく知恵を絞り、最低限のルールに則って進められる業務である為、100%の保証を事前に用意することに大きな労力をかけるよりも、走りながら考えてブラッシュアップしていく感覚が重要です。

また、いざ予算化が終了し企画が通った暁には、プロジェクトに関わるメンバーを一堂に会したキックオフを行うべきです。内容として難しい範囲が広いプロジェクトとなる為、こういったイベントも大事なものとなります。

SCM/S&OPに関する基礎知識の補填

　診断、そして予算化と進めてきましたが、様々な要因が複数重なり、実は前述の診断表を使って答えるにも答えようがない、答え方がわからないといった状況が増えています。無理をして迷いながら答え、出た診断結果に対して腹落ちができず、活動が早々と頓挫してしまうケースも散見されます。

　そのような状況から、2015年以降、我々にご依頼いただくものとして急速に増えたのがトレーニングです。背景としては以下のものがあります。

- 人員の異動により、過去のSCMに関する経験を持つ者がいなくなったので教育したい
- 今後を考えるにあたり、自社で追い切れていない世間の流れや事例を知りたい
- 自社内にある知見知識が、改革を進めるうえで必要十分であるかを把握たい
- プロジェクトに参画する人員の意識向上を図りたい
- トレーニングに向かう意識やその場での意見出しなどの能動性を見て、アサインするメンバーを決めたい

　このようなことを検討する部門は、課題意識を強く持ち、リーダーシップを張るべき部門である経営企画や社内改革組織などに多く見られますが、時に生産管理や営業部隊といったSCMの一部を担っている部門からの発案もあります。

　しかしながらトレーニングを画一的なもので行うことは難しく、その

企業の業界業種・商品特性、さらには社員の現状の知識・経験レベルを踏まえたカスタムが必要となっており、期間も数日のものから数ヶ月にわたって行うなど様々です。また、座学だけではなくSCMをゲーム化し、体感することも有効です。インターネットでビールゲームという用語を検索するとその一例が見られたりしますので、調べてみることをお勧めします。普段は生産管理業務にあたっている方が営業の役回りを担ってみたり、その逆を行うとより身につきやすいでしょう。

自社の社員による自主的な書籍等による知識補填に加え、外部講師によりカスタム化・必要部のみを中心としたトレーニングの実施も効果的ですので、企画段階での1つの施策として考えておくべきかと思います。

> **4章まとめ**
>
> 本章ではSCM/S&OPプロジェクトの企画フェーズで必要な手順について取り上げました。
>
> 現在の取り組み状況把握や目指すべき姿を設定する上では7つの軸（上下戦略、プロセス、組織・人、評価・分析、外部、情報）を活用することで検討事項を抜け漏れなく、効率よく進めていくことができるでしょう。現在置かれている状況を客観的に把握した上で、弱い部分を強化するのか、あるいは尖った部分を作るのかを見極めていくことが必要です。
>
> また後続のプロジェクト実行フェーズに進むにあたっては、予算化作業は不可避です。今回ご紹介した代表的な壁「投資対効果」「体制」「開始する時期」を参考にしながら意識的に備えることで、来るべき壁は打ち破りやすくなるでしょう。
>
> 次章では、予算化終了後のプロジェクト実行フェーズの進め方について取り上げていきます。

第5章

儲けを生むSCM/S&OPの創り方
―プロジェクト実行―

1　プロジェクト実行のアプローチ検討

　では、プロジェクトをどう進めていけばよいかについて、お話しします。

　プロジェクトの進め方、と一言でいうのは簡単ですが、実際には色々な進め方が存在します。最初にプロジェクトの進め方を考えるにあたり、意識しておいた方がよい観点を取り上げたいと思います。

◆ **企業特性の違い**

　まず、最初に、企業特性によるプロジェクトの進め方の違いについて、いくつか事例を交えながら説明します。なお、ここで言う企業特性とは、業種や業界といった全体の話ではなく、その企業が持っている文化や風土、過去の変遷や歴史のことを指しています。取り組み企業が持っている文化や風土、またこれまでの事業や過去プロジェクトの取り組み状況によって、プロジェクトの進め方が大きく異なるケースがあります。まずは、その違いから説明します。

・**重視する観点の違い**

　企業としてスピードを重視しているのか、質を重視しているのか、という違いもあります。企業の文化・風土として、時間を掛けることを嫌う企業も存在します。過去に筆者が体験したプロジェクトでは、早く効果が出ないと、現場（特にプロジェクト担当者）のモチベーションが低下してしまう事例がありました。この企業のSCM/S&OPプロジェクトの場合、とにかく早く効果を出すように、全社の生産拠点ではなく、主要な生産拠点をまず1つ選んでプロジェクトを実行しています。その1拠点で成功事例を作りながら、他の生産拠点へ展開していく、という手法を取っています。スピードを重視し、まずとにかくやってみる、とい

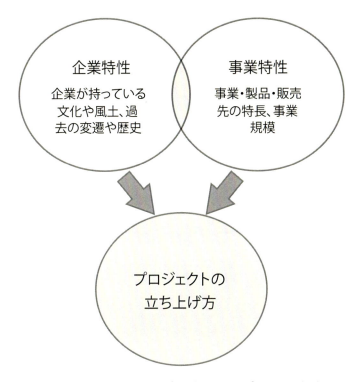

図表5-1　SCM/S&OPプロジェクトアプローチの観点

う形です。やってみた結果、良くなかった点を、次の拠点へ展開していく際に改善できるという点も特徴です。

　逆に、質重視の企業も存在します。時間を掛けても、しっかりしたSCM/S&OPプロセスを構築したい、というケースです。このケースの場合、プロジェクト企画や業務要件定義をじっくり実施します。その理由の大半は、筆者も何度となく経験しましたが、現場への説得力です。プロジェクトを実施するための錦の御旗が正しいか、プロジェクトが考えた構想は正しい方向性なのか、プロジェクトの業務要件は現場の意見と合っているかなど、プロジェクトが考えていることが関係者にとって説得力があるかどうか、という点です。実際にプロジェクトを進めるに

当たり、関係者への説明が関所となっていて、上手く説明できないとプロジェクトが止まってしまうからです。このような企業では、質を重視したプロジェクトのアプローチが重要となります。

・金額に対する意識の違い

　S&OPのプロジェクトにおいては関係者、業務担当者の金額意識に対する違いを考慮する必要があります。金額意識があまりない場合は金額をベースとした業務を行うS&OPの必要性がなかなか理解されず、啓蒙活動に時間がかかるからです。

　一般的に組立系製造業は如何に需要に答えるかを計画の主眼に置いているため、計画時点での金額意識はプロセス系製造業よりも薄い傾向があります。

　一方、プロセス系製造業は大きな設備を持ち、需要に対して如何に高い稼働率で段取り替えコストを少なくできるかに主眼を置き、装置キャパシティ制約により需要を満足できない場合はどの需要を優先すれば金額インパクトが少なくなるのかといった計画を行っていることが多いため、金額意識は元々高めにあると言えます。

　プロジェクトの狙いと、現状認識のギャップを意識してアプローチを検討する必要があります。

・ITに対する理解度の違い

　企業によりITに対する理解度は大きく差があります。IT利用に慣れている企業では、ITを利用したプロジェクト自体に慣れているというのもありますし、利用することで得られるメリットも十分に理解されています。逆に、慣れていない企業では、ITによる業務へのメリットが十分理解されていなかったり、またどのように利用してよいのか理解できていなかったりします。これは、情報システム部が強いか弱いかにもよります。情報システム部が強い企業は、世の中のIT技術動向に常に

目を配っていて、どのように業務改善に効果があるか、常に考えています。

　ある企業の例では、事業の中期経営計画を年に1回、秋に見直しをしていますが、情報システム部は、その中期経営計画の見直し結果を受けて、事業の中期経営計画を達成するために、ITが貢献できることを整理し、翌春にIT中期計画を立案しています。そして、事業部門側に対し、積極的にIT利用を呼び掛けています。

　また、別の例として、情報システム部の体制が、通常の企業に比べ小さい企業を挙げたいと思います。この企業では、情報システム部に求められていることがITコストミニマム化です。そのため、情報システム部の体制も、IT運用中心の絞られた体制となっています。よって、この企業では、まず事業部門側が、業務改革中心のプロジェクトを実施し、そこである程度業務のやり方を変えた上で、ITを利用すべき部分を見極めて、IT導入を行う、というやり方をしています。過去に、この企業で一度、情報システム部主導で、IT導入プロジェクトを実施したことがありますが、情報システム部側はIT導入プロジェクトの経験が無くうまくリードできずに、結果、プロジェクトの期間が大幅に伸びてしまいました。IT自体は、何とか業務に活用できるレベルでしたが、プロジェクトコストは膨大に膨れてしまいました。

　これらの例のように、IT利用に慣れ、不慣れがある場合、IT利用を前提としてSCM/S&OPプロジェクトを実施すべきかどうか、十分注意する必要があります。

　また、別の観点でもIT利用を考慮すべきです。

　弊社の事例の中で、IT導入後によく聞かれるクライアントの声があります。それは、「ITの利用により、考える時間が増えた」というものです。一昔前のIT利用では、付加価値（自動計算による最適化）までをもITに期待していましたが、昨今は算術演算のみをITに期待するようになりました。そして、ITの算術演算スピード・レスポンスは格段

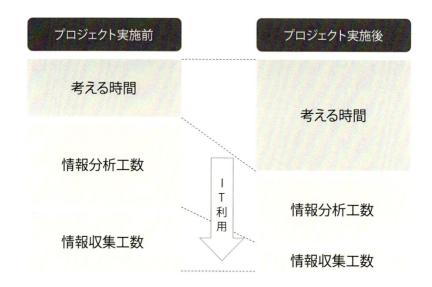

図表5-2 考える時間の増加

に上がっています。

　ITがロジックで考えるのではなく、人間がロジックで考えるようになっている動向を踏まえると当然の声ではありますが、これからのIT利用の大きなヒントになると思います。7章でふれますが、ITから、大きく変化した点や問題が数値的に起きている部分をユーザーにわかりやすく注意喚起することが大事なのです。

◆事業特性による違い

　次に、事業特性によるプロジェクトの進め方の違いについて、いくつか事例を交えながら説明します。

・立上事業と成熟事業の違い

　戦後より延々と事業が続けられている日用雑貨品と近年伸びが大きいスマートフォンでは、当然ながら事業管理の観点で見るべきものも大き

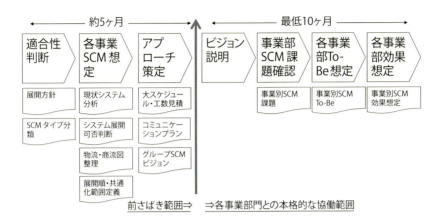

図表5-3　長期的なアプローチ：前さばきの意味

く変わります。また、管理する為の組織の形態も大きく変わります。

　筆者の感触では、この観点において、プロジェクト立ち上げの段階で一番肝になってくるものはプロジェクト体制の組み方です。成熟事業である場合、最終消費者に近い場所で生産・販売している傾向があり、グローバルで見た場合に組織・ガバナンス的には分散状態にあります。よって、グループ内といえども現地との壁が大きく、SCM/S&OPといった広い範囲でのプロジェクトを推進するための体制づくりが難しいのです。逆に立上・成長段階にある製品の場合、傾向的には本社や日本の事業部組織、またはマザー工場の力がそれなりに強い場合が多く見受けられます。この場合にはキーマンが見えやすく、プロジェクトに割ける工数に課題は残るものの体制は描きやすい状態にあると言えます。

　ただしいずれにしろ、まずはどこにどのような社内のステークホルダーがおり、どのようにプロジェクトへ巻込むべきかを整理することを推奨します。

　他に、事業のライフサイクルという観点でのアプローチの差で注意すべきこととして、企業内格差があります。大企業では様々な事業が存在

項目	BtoC	BtoB
PSI計画	隔週	毎週かつ随時
販売予測	販社	顧客
	トレンド参照+商談/見込み	顧客予測・顧客PO入力
	月入力	月/週入力
	6ヶ月	6-12週
仕入計画	自動セット	丸めを含むマニュアル調整
販社PSI	一定幅を安全確保	ゼロ転がし(VMI含む)
顧客PO残管理	無し(GSCM上)	重要
EOL残材契約	ケースbyケース	顧客引取責任あり
基本輸送手段	船	飛行機
部品調達LT内入庫	稀	市場から追加入庫あり
出荷指示	POと別	POで代替
会議体	PSI会議	生販会議(長期)+α(短期)
Flexibility	直近トレンド重視	トレンドを見る必要性低
複数生産	無し	有り(ただしコードは別)
顧客資産在庫	確認無し	情報受領している場合、加味

図表5-4　BtoB/BtoCの違いを考慮した事例

しており、ポートフォリオの観点からも様々なものがあります。ある特定事業での検討を土台にする場合に、他事業との差がどこにあるのかを事前に洗い出す必要があります。プロジェクトアプローチとしても考慮し、どの段階で整合を図るのか否かを念頭におく必要があります。

・BtoB事業とBtoC事業の違い

　BtoBとBtoCでも大きくアプローチが異なります。一般的にBtoBの場合は顧客圧力が大きく効き、BtoCの場合は顧客変動が大きく効きます。

　こちらも大企業の場合は自社内での違いをよくよく把握し、プロジェクトの進め方に盛り込んでおくことが肝要です。

・専業会社と複数事業会社の違い

　多くの製品（事業）を持つ会社は、他事業製品を扱う販社経営と個々の事業部経営の観点が強く、専業会社に比べて、連結（製販一気通貫）

項目	専業(もしくは少数事業)	複数他事業
経営	製販連結＞販社・工場(事業部)個別	販社・工場(事業部)個別＞製販連結
SCM/S&OP意思決定	計画時点で製販連結観点で意思決定	販社計画→事業部計画後、製販連結結果確認。翌サイクルにて見直し
SCM/S&OP会議体	販売、生産責任者参加し製販で合議	販社PSI会議→事業部PSI会議
情報管理	製販一元管理	個別、バケツリレー

図表5-5　専業会社と複数事業会社の特徴

視点でのSCM/S&OP意思決定プロセス構築の難易度が上がるケースが見受けられます。複数事業ならではのビジネスリスクヘッジ・補完、さらには技術・ブランディングにおける相乗効果は大きいものの、SCM/S&OP意思決定プロセスには、足かせとなるケースもあります。

・モノとサービスの違い

　SCMは、言うまでもなく製造業が中心となる打ち手の一つでした。しかしながら、実はS&OPは製造業以外でも有効な手段となります。

　例えば、配送業者で似たようなことを検討する予定があります。モノでいうところの受注は、営業所での宅配受付になります。また、生産は、本社でのトラック等の配車になります。これをモノのSCMと似せ、需要と供給のバランスをさせます。S&OPにつながる考え方として、近年トラックのドライバーが減少していることによる人件費の高まりと年々激しくなる配送費の競争、さらにネットショップが一般的となったことによる小口配送の増加です。

　一例ではありますが、他のサービス業の企業にも参考となる場合があり、モノを扱う製造業だけがSCM/S&OPを扱う時代ではなくなってきました。しかしながら、プロジェクトの開始アプローチには注意が必要です。大きなアプローチ(WhyWhatの後にHowなど)は不変ですが、生産に関わるような制約事項とは別の制約にどういったものがあるのかを正確に把握すべきです。

また、モノ＋サービスの場合もありますがこれは非常に難しいです。しかしながら今後、製品を販売したあとのアフターサービス（修理やオプション品販売など）で得る利益をも考慮したS&OPへと発展していくことが考えられ、実際に改革ロードマップに記載している企業が存在します。

・組立製造業とプロセス製造業の違い

　生産プロセスが異なる故、ストックポイントや制約事項といったSCM観点が異なります。一般的に組立工程の占める割合が多い企業では需要変動への柔軟性を高める為に高速にシミュレーションを行いたいニーズが増えていますが、プロセス工程が多い企業ではそのようなニーズが起きにくくなっています。

　また、S&OPにおいても、固定費・変動費比率が異なる為に見るべき利益や目的が異なります。変動費比率が高い場合は例えば直接材料費に関わる費用を見て利幅がどのように動くのかを想定します。固定費比率が高く、投資観点が大きい業界などでは、初期投資の減価償却がどのようになるのかを数年間の製品への配賦をシミュレーションするといったS&OPが求められます。

　さらに、SCMとS&OPのどちらの観点が強いかという面があります。例えば、利益確保は問題ないが将来の為に供給力や柔軟性をあげたいという場合にはSCM観点が強く、一方、薄利多売故に事業損益が厳しいという場合にはS&OP観点が強くなります。

・売上規模の違い

　売上規模が大きいか、小さいかについても、プロジェクトアプローチを考える上で重要なファクターになります。

　売上規模が大きい場合、当然ながら事業に絡む組織や人の数も多くなるため、プロジェクトの体制やプロジェクト期間も売上規模が小さい場

	組立系（ディスクリート）	プロセス系（連続）
生産主要リソース	人	設備
要求、生産リードタイム	短	長
生産ボトルネック	人・部材	設備能力
生産計画変更	容易	困難
計画サイクル	週	月
計画タイムフェンス	～4週	1ヶ月～
計画、需給調整の視点	需要追従	需要選択、プロダクトミックス最適化
計画期間	1～3ヶ月	3-6ヶ月
主要コスト	材料費	製造費（直接・間接）
原価率	高	低
在庫	少	多
価格下落の時間	短	長
価格転嫁	困難（B2B or B2Cの違いも大きい）	容易（B2B or B2Cの違いも大きい）
製品価格変動	右肩下がり	乱高下
ライフサイクル	短	長
価格の決定要素	競合動向、顧客市場動向	調達市場動向、原材料費 （コストの積み上げから）
内外環境変化トレンド	・部品調達リードタイムの長期化 ・ロングレンジの計画立案の必要性増加 ・需要が読みづらい中で部品調達のGo or Noをお金の面で判断せざるを得ない ・製品数増加のため事業的な損益評価の必要性増加 ・サプライチェーン構造の分散化・分業化 ・グローバル化による供給(輸送)リードタイム長期化	・市場のグローバル化 ・顧客の拡大 多様な企業や業界 ・商品数の増加 ・グローバル化に伴い販売契約形態が長期契約からスポット契約が増加 ・世界的な原料の不足・高騰 ・需要増加に伴って、追加設備投資 or 協業の判断 ・設備効率低下 ・業務サイクルとリードタイムが短期化 ・従来もコスト・利益評価はしていたが、そのサイクルが長かった ・従来もコスト・利益評価はしていたが、期首の標準原価等での評価しかできなかった ・これまでは所与の制約下での利益最大化 ・これからは利益を生むためにボトルネックを特定し、それを解消するための計画が必要
S&OPのポイント	利益視点での需給調整・アロケーション	利益拡大のための設備投資判断
	部品（ボトルネック）確保のための意思決定	同じく商品開発投資判断
		同じく資材調達・販売契約の価格判断

図表5-6　組立系・プロセス系比較

合に比べ多く掛かります。特に、その違いはプロジェクトの立ち上げ時や構想フェーズから実行フェーズに移る時に顕著に出ます。プロジェクトを立ち上げる際は、プロジェクトを推進するにあたり、各部門の了承を得たり、各部門からメンバーをアサインしてもらう必要があります。そのため、関連部門が多くなると事前にネゴする時間が必要になり、期

間も長く掛かります。また、構想フェーズから実行フェーズに移る際も同様です。取りまとめたプロジェクト構想や方向性、実行フェーズの進め方について、各部門に了承を取る必要があります。

さらにプロジェクトを事業部別に進める場合、事業部ごとの売上規模が大きいか、小さいかという観点も考慮する必要があります。例えば、効果の早期産出を考慮するならやはり売上規模の大きい事業部から始めるというのが得策です。逆に、リスクという観点を考慮する場合、一般的には売上規模が小さい事業部から始めるというのが望まれます。売上規模が小さい事業部の場合、売上規模的にもプロジェクトの失敗によるリスクが、売上規模が大きい事業部よりも比較的小さいため、プロジェクトを推進しやすくなります。

また、売上規模が小さい事業の場合、前述の通りプロジェクトの立ち上げがしやすくなるため、早く成功体験を作り上げることも考えられます。まずは企業内でプロジェクトの成功事例を具体的にかつ早期に見せることにより、企業全体へのプロジェクトに対する説得性は増すため、そのような観点も考慮するとよいと思います。

・原価率の違い

原価率が高い事業か、低い事業か、という観点もあります。原価率が高い事業はやはりSCM/S&OPプロセスによってコストミニマムを狙うケースが多くなります。また、原価率が低い事業より高い事業の方が、当然ながら課題は多く抱えています。そのため、SCM/S&OPプロジェクトの取り組みを考える企業の場合、原価率が高い事業から手を付けることが多く見られます。

ある企業のSCM/S&OPプロジェクトの事例ですが、その企業には複数の事業部が存在していますが、プロジェクトを進めるに当たり、まずは原価率の高い事業部から進めています。これは、SCM/S&OPプロセスを導入することにより、まずは原価率が高く赤字だった事業を黒字化

することを錦の御旗にして、プロジェクトを進めているからです。このプロジェクトは錦の御旗として事業黒字化を明確にしていたため、プロジェクトの行動指針として、プロジェクトメンバーの意識が統一でき、何かプロジェクトで課題が出た際に、必ず錦の御旗である事業黒字化が目的であることに立ち返ってプロジェクト推進できていました。

　また、別の企業の事例ですが、その企業のある事業部では、主要な工場が3拠点ありました。この企業でSCM/S&OPを導入することになりましたが、原価率が高い工場は過去に様々な取り組みが実施されており、プロジェクト自体に懐疑的になってしまっていました。そのため、あえて原価率の低い工場をパイロット工場としてSCM/S&OPプロジェクトを実施し、そこでの成功事例を踏まえ、原価率の高い工場に横展開する手法を取りました。プロジェクト自体に懐疑的な場合には有効な手法かも知れません。

◆プロジェクト立ち上げ方、進め方

　では、これまで説明してきた、企業文化・歴史・変遷・風土の違いや、事業特性による違いを踏まえ、プロジェクトの立ち上げ方や進め方の違いについて、説明します。

・企画段階をより深める時期を持つべきかどうか

　計画系領域は、今まで述べてきたとおり決まりきった業務ではない需給調整領域が中心となる為、迷走しがちです。よって、当初は体制や予算を絞った形でWhyWhatやHowを整理し、以降のプロジェクトフェーズで何かつまづいた際や迷った際に立ち返るものを用意しておくべきです。

　具体的には、企業が目指す事業の方向性や現場の問題と、それを解決する為の施策の整理を行います。また、だいたいの投資対効果を算定します。期間的には3ヶ月～6ヶ月が主流となり、参加人員としては長期

的な観点を持ち、現場課題にもある程度通ずる感覚を持つメンバーが集まり、多くても10人以下で検討するような段階となります。

この段階では、理想と現実の間を行ったり来たりします。また、経営視点と現場視点の間も行ったり来たりします。よって迷走しやすく議論も白熱しがちです。さらに、他社事例をも鑑みながら自社にとって何がベストな選択なのかを、自社のビジネスモデルや制約事項を鑑みながら決定していく必要がある為、難しい段階です。しかしながら、ここをじっくりと検討することにより、後続のフェーズでの選択の際に正しい判断ができるようになります。

実際にあった事例としては、プロジェクト企画後、本格開始前に半年以上をかけ、業務プロセス設計の詳細化には3ヶ月しかかけず、その後のIT構築も3ヶ月で乗り切った事例があります。また、新業務と新システムの双方が稼働した後も大きな混乱もなく定着化が進み、着実に効果を上げ、さらなる改革へと邁進している上場企業があります。これは如何に当初メンバーで考えた構想内容が素晴らしかったかということの証明でもあると思います。

・**日本主導か、グローバル主導か**

今後の企業の方向性に大きく影響されます。また、影響を強く意図してプロジェクトリードをどこに置くのか決定すべきです。

ある企業では、今まで海外販売比率が低かった為にプロジェクトとしては日本主導が進めやすい、と感じていました。しかし、今後は海外販売比率の大きな伸びを意識し、海外でのプロジェクトリードを検討しました。

一方、元々海外販売比率が高い企業でも、日本本社での中央集権的なコントロール力強化を目指した方向性を持っていた為に、日本にプロジェクトのリード組織を置くことを決定した場合があります。

さらに、外資系企業であっても日本の管理が最も細かく必要であるこ

とを鑑み、またその後のグローバルへの逆展開を鑑み、日本主導を検討している企業があります。

つまり一概に、日系だからもしくは外資であるからと言って、日本主導がよいのか海外主導がよいのかは言えないのです。

その企業が今後どのような環境でビジネスを成長させるのかを鑑み、また戦略としてどのような方向性を持ち、それを支えるオペレーションの方法にどういったものを選択するのか、こういった点を踏まえて決定していくものです。

ただし、プロジェクトの立上時は状況が異なります。「錦の御旗」ができるまでは方向性が見えていない為、本社がある場所での推進が適切でしょう。その後、プロジェクト体制を本格化する段階で上記の観点でリード組織を決めて行くべきであると考えます。

・IT部門主導か、業務部門主導か、経営企画部門主導か

ここの判断は、企業文化に大きく左右されます。企業文化とは風通しの良さといった雰囲気や、事業間・部署間の壁といった企業が今までに経てきた結果生まれた慣習、また、過去のプロジェクトの主導がどの部署でされてきたことが多かったかなど多岐にわたります。構想フェーズでの検討内容如何によって、主導部署が変わることもあり得ます。

弊社の事例で最も多いものが、業務主導です。やはり自分達の事業を活かしつつ利益を担保し、さらに成長させるといった自己意識が最も高くなり、少々の混乱や困難に対しても能動的に立ち向かい、ドライブがかかるのがこのタイプです。もちろん、フェーズによっては経営企画主導やIT部門主導も効果を発揮しますが、ベストは業務部門の主導です。その最高のパートナーとしての経営企画部門やIT部門の関わりが成り立つことが、プロジェクトの成功の秘訣といっても過言ではありません。

一方、改革実施後の体制は変わります。基本的にプロジェクト後の推

移をチェックし、さらなる次の一手の案を出し計画を練り提示していくのは経営企画部門やIT部門であることが多く見受けられます。

こういった時間的な推移をみながら、その時期に応じた適切な主導部門を決めて下さい。

・現場課題集約型か、トップダウン分解型か

SCM/S&OPといった分野は、広範囲の業務や拠点を対象とします。そのため、トップダウンによる号令や指示・命令が効きます。しかしながらそれは点である為、線にする為にも現場課題を解決していく部分が必要となります。

よって、ポイントは開始のタイミングや大きくフェーズが変わるタイミングなどはトップダウンで行い、間はその大きな意思表明・指示・方向性を元にした現場課題の改善の連続とすることです。

ある企業では、いったんトップダウンで全社号令が出て、プロジェクトはスタートしたものの結局頓挫し、ストップしてしまいました。しかしながら、突然社長が雑誌の取材を受け、対外的にプロジェクトの命題や狙っている効果、それに紐づく施策などを発表してしまい、社内のメンバーが困惑するという事態に陥りました。後で知ったことですが、これはトップがあえて狙った行動だったということです。メンバーもやらざるを得ないことになり、また、改めてプロジェクトの狙いや位置づけを理解し直し、その後のフェーズは行動に拍車がかかってうまく行ったのです。極端な例ではありますが、そういったことも、広い範囲に影響するこの手のプロジェクトでは必要なこととなります。

また、別の企業では、社長印を押したレターを数十以上に上る関連拠点の現地社長へ送ったこともあります。さすがに本社社長のレター、しかも社長印付きということになると無視できるものではなく、ドライブがかかった状況となりました。これも綿密に練られた策であり、本社経営企画部門の熱意が表れたものでした。

色々な手段はありますが、適切にトップの協力を仰ぐこと、これは必須です。意外と感じられるかもしれませんが、トップの方もこの手の重要性を理解し、協力をしてもらえる場面が多々あります。また、成功させている企業はなんらかの面で、トップの方のサポートを得て前に進んでいます。

・SCMか、S&OPか

SCMは、数量的に生産や調達というハード的な制約を考慮しながら需要の変化に追随することを目的としています。S&OPは、金額的に様々な変動要素を踏まえたシナリオを用意しどのシナリオを選択し実行に移すのかを検討し利益確保することを目的としています。

つまり、本書で繰り返し述べている数量か金額かです。

よって、欠品や在庫過剰などといった数量的な要素が問題であればSCMを急ぎ、売上や利益といった金額的な要素が問題であればS&OPを急ぐべきです。

間違ってはいけないのが、S&OPの前提条件がSCMではないということです。実際にSCMの後にS&OPに取り組んだ企業や、その逆も両方存在します。また、甲乙つけがたい状況であれば同時という事例も存在します。同時に行う場合はプロジェクトにアサインするリソースの問題や割けるコストの制約を加味し、どちらかを先に進めることを推奨します。

・実行系か、計画系か

この観点もまた、多くの企業で悩む点となります。各企業が悩む主なポイントは3点です。

① 実行業務の質を上げ、システム的なデータ精度を向上しないと計画業務の改革に取り組めないのではないか
② 未だ全拠点の実行業務がERPパッケージなどでシステム対応されて

おらず、計画業務は時期尚早ではないか
③製品コードや拠点コードなどのマスタ情報が共有されておらず、計画系に取り組んでも情報の共有が図れないのではないか

　上の2つに関しては、ERPシステムの有無と質に起因しますが、弊社の事例では先に計画業務であるSCM/S&OPに取り組む事例がほとんどとなっています。確かに実行業務の質を向上した後に計画業務へ取り組むことは論理的であり、間違ってはいません。しかしながら、ERPパッケージ導入には時間がかかるのです。ERPパッケージをお使いの読者であれば、如何に大変か、時間がかかるのか、よくご存知かと思います。

　先に計画系に取り組むことに対し、先の2点はどれほどのインパクトをもたらすのでしょうか。昨今のシステムの機能レベルアップはすさまじく、マスタやトランザクションデータの変換機能を必ずと言っていいほど持ち合わせています。まずは変換し、SCM/S&OPに取り込めばいいのです。読者の中には変換が簡単ではないと思われる方もいらっしゃると思いますが、ERPパッケージを導入し、横で連携させる場合も同様に変換が必要になります。つまり、どの手を取っても必要なことなのです。

　一方、事業の外部環境変化は日々刻々と変わります。SCM/S&OPは半年から長くても1年で導入することを弊社では推奨していますので、全拠点のERPシステムや実行業務をレベルアップするよりははるかに速く、まずは全体をつなげて状況を見る、そして、不具合のある拠点に関して急いでその後に実行業務の精度向上を図るということを推奨しています。

・事業部単位か、企業（全事業）全体か
　SCM/S&OPを導入しようと考えている企業には、単一事業の企業と複数事業の企業が存在します。後者の場合、どの事業から先に手を付け

るのか、もしくはパイロットとなる事業を選択し、そこから取り組みを始めるのかで悩みます。

　SCM/S&OPで推奨するのは、複数事業を持つ場合でも、まずは特定の事業からの取り組みです。前の「立上事業か、成熟事業か」や次の「スモールスタートかどうか」ともリンクしますが、複数事業のSCM/S&OPを一度に考えると各事業における課題や環境が異なる為、プロジェクトの初期の段階で迷走しがちになります。

　また、プロジェクト体制の構築や、会議体の開催の難易度もあがります。

　初めは売上が大きい、今後の伸びが大きく見込まれる、そういった中心となる事業から取り組みを始める事が望ましいと考えます。その後、展開を検討し、共通化できる部分とそうでない部分を考え、広げていくことが肝要です。

・**スモールスタートかどうか**
　一概には言えませんが、傾向としてはスモールスタートのプロジェクトが増えています。おそらく背景には、下記の理由が存在します。
- 過去のプロジェクト経験から、失敗することを許されていない
- SCMという同じキーワードを使うだけでは立ち上げが難しい
- 関連各所への同意・同調を求める為の理由づけが必要
- 投資が抑制されており、最小の投資であることの証明が必要
- パッケージソフトなどのツールが必要か見極めたい
- WhyWhatが適切かどうかを見極めた後に拡大したい
- 過去の同様のプロジェクトの経験者が異動している
- 効果算定が難しく、サンプルが必要である

　いずれも、過去の経験から得た反省点となります。また、S&OPに初めて取り組む企業に関しては、前述の通り定義が不明確であったり詳細化できていない場合が多く見られるため、まずは試すというアクション

を採用することが多いのです。7章で述べるようなITサポートの実情を踏まえると、はじめから大々的に大きくするよりも次第に広げる方が手戻りも少ないと考えています。

ただし注意点としては、スモールスタートの期間を長く取りすぎないことです。悩み続けている間に環境は刻々と変わります。また、まず取り組んでみてわかることがあります。特にS&OPに関しては完全な論理性を担保できる状況ではなくても、始められるもしくは始めるべきととらえ、前に進めることが肝要です。この点については欧米企業と日系企業の差が大きく存在しているのが実際です。長くても半年、通常であれば3ヶ月程度での取り組みを目指すことをお勧めします。

そして、スモールスタートの段階で事例をインプットして、そこから得られる教訓とスモールスタートの段階で得る自社ならではの目指すべき姿を想定し、大きく育てていくのです。

7章でも触れますが、簡易的にパイロットモデルを構築し、実機・実データでの新規施策のイメージ把握、効果の算出が可能なツールが出てきています。過去のような全社SCM/S&OPに必要であった大風呂敷＋大規模投資ではなく、小さく見える形でトライアルしてみて、業務的な有効性および投資妥当性を判断することが可能な時代になってきています。

2 プロジェクト実行

次に具体的にプロジェクトを進めていく方法について、説明します。先程、プロジェクトのアプローチについては、いくつか方法があることを説明しましたが、ここではプロジェクトを進める場合の一般的な流れに沿って、想定されるタスクを説明していきます。

◆Task 1：プロジェクト構想

最初のタスクはプロジェクト構想です。ここではSCM/S&OPプロセスの業務やITの構想を検討します。このタスクで求められることは、自社に合ったSCM/S&OPプロセスの概要（ブループリント）を作成し、それに向かっていく道筋を明確にすることです。3章や4章でも説明した通り、一口にSCM/S&OPと言っても企業ごとにビジネスの特性は異なり、構築しなければならないSCM/S&OPプロセスは異なります。よって、自社に適したSCM/S&OPプロセスの概要（ブループリント）を作成する必要があります。

どのように自社に適したSCM/S&OPプロセスの概要を作成するかですが、まずは仮説を作成するところから始めます。仮説を作成するために、事前に自社のSCM/S&OPプロセスで見直ししなければならない点（課題）をあらかじめ整理しておき、その課題を踏まえてSCM/S&OP計画プロセスが、年次・月次・週次・日次・随時のそれぞれで、何をどのレベルで実施していくべきかを検討します。例えば、生産計画を例に取ると、年次プロセスでは年度製造予算策定や生産設備投資、月次プロセスでは生産ライン人員・生産能力（日産数量）や長納期部材手配、週次プロセスでは生産日程計画や部材手配、日次プロセスではライン製造指示など、というようなサイクル別の具体的な業務を明確にし、その業務を具体的にどのようなレベルで実施するかを明確にしていきます。ま

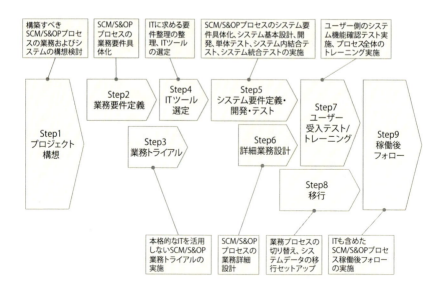

図表5-7　一般的なSCM/S&OPプロジェクト実行タスク

た、サイクル別の計画プロセスを明確にしていく中で、押さえておきたいのが金額要素・損益要素です。それぞれの計画サイクルの中で、どのタイミングでどのような金額要素・損益要素を見るべきか、またその金額要素・損益要素を見て、何を判断すべきか、も検討します。

　なお、IT導入を検討している場合、この段階でRFIを実施します。RFIにて、自社の仮説に合ったITが存在するかの情報を取得します。このRFIによって、自社の仮説に対して、ITがどのようにサポートできるかを知ることができ、その結果、自社の仮説の見直しを行うこともできます。

　SCM/S&OPプロセスの仮説を作成する際に併せて実施しておく必要があるのが組織の役割の明確化です。それぞれの計画サイクル別に個々の業務をどのレベルで実施するかを検討していきますが、それをどの部門が実施するのかを明確にしていく必要があります。そのために、現時点の部門ごとの役割・権限を明確にしておき、SCM/S&OPプロセスの

仮説を作成する際に、部門の役割・権限の見直しが必要かどうか、新規業務が出た際に、新規部門を立ち上げる必要があるか、既存部門でその業務を実施するのか、等も検討していく必要があります。

このようにしてでき上がったSCM/S&OPプロセスの仮説がそもそも実現可能なレベルなのか確認していくことが、次の作業となります。この点については、4章を参考にし、自社のSCM/S&OPプロセスの成熟度を確認しながら、仮説検証することをお勧めします。もし、仮説が実現可能なレベルでないのであれば、実現可能なレベルに見直し、自社に合ったSCM/S&OPプロセスの概要を作り上げます。

次に、作成したSCM/S&OPプロセスの概要に、どのようなステップで向かっていくのか、ロードマップを明確にしていきます。単純にワンステップで目標まで到達するやり方もあれば、中間点をいくつか決めて、その中間点まで複数ステップに分けてやるか、議論して決めていきます。

ロードマップを決める際に考慮すべきポイントは、スピード感と効果創出の規模感です。これらのポイントを考慮して、目指すべきSCM/S&OPプロセスに向かっていくステップとスケジュールを明確にします。

◆Task 2：業務要件定義

このタスクで、プロジェクト構想タスクで検討したSCM/S&OPプロセスに対し、具体的な業務要件を定義していきます。

最初に、計画サイクル別の業務プロセスの明確化から実施します。プロジェクト構想タスクにて整理した年次・月次・週次・日次・随時で何をどのレベルで実施していくべきかを、それぞれ具体的な業務プロセスに落としていきます。つまり、プロセス全体での業務の流れを定義し、業務タイミングを定義し、おおまかな業務ルールを定義します。例えば、月次販売計画プロセスでは、どのタイミングで月次販売計画を立案

し、誰がどのように承認するか、を定義する必要があります。

　また、その月次販売計画を立案する単位は月単位なのか、週単位なのか等も定義する必要があります。販売計画の単位だと、月や週というバケットの単位だけではなく、その他の単位も存在します。販売計画を立案する単位がチャネル単位なのか、販売組織単位なのか、販売担当者単位なのか等、組織軸での単位も検討する必要があります。製品個別単位で立案するか、製品群合計で立案するか、等も検討する必要があります。

　単位に絡んだ話としては、販売担当者単位で立案した販売計画を集約して確認や修正をしたり、逆に、販売組織単位で立案した販売計画を販売担当者単位に分解したり、というような考え方についても検討し、定義する必要があります。このように、年次・月次・週次・日次・随時の計画サイクル別に業務プロセス定義を実施していきます。

　また、新製品立上時や終息期のようなイベント的な業務プロセスについても検討して定義します。新製品立上時を例にすると、製品型番が未決定段階での計画立案方法や、年次計画と月次・週次計画との連携、市場への新製品発売のアナウンスや新製品展示会等による市場の反応を踏まえた計画の修正方法等、定義していきます。

　このように、個々に業務要件定義を具体的に進めていくわけですが、1つ注意すべき点を挙げるとすると、イレギュラーな業務や要素についてはいったん頭の片隅に置いておきながら検討を進めるということです。まず、業務のメインストリームについて検討をしていき、プロセスの全体像を抑えた上で、イレギュラーな業務や要素について、この場合はどうすればよいか、と考えて検討を深堀していくのがお勧めです。業務プロセスや業務ルールの検討を、イレギュラーな業務や要素も含めたすべてのケースを想定しながら進めると、至る所で不整合が発生し、なかなか全体像に辿り着かないということが起こります。

　そのため、最初からすべてのケースを想定するのではなく、基本とな

るものでいったん全体像を描き、その上でイレギュラーな業務や要素を加えていくのがよいと思います。

◆Task 3：業務トライアル

　通常のIT導入プロジェクトでは、Task 2の業務要件定義タスクの後、もしくは並行してIT要件定義を実施します。よって、読者の企業がSCM/S&OPプロジェクト実行時、既にIT投資を計画済で本格的なITを活用した業務の開始を早急に実現したいと考えている場合、このタスクはスキップしていただいても構いません。ただ、筆者の経験上、まずこの段階で、目指すべきSCM/S&OPプロセスの一部でもよいので、本格的なITを活用しなくても実現できる業務についてトライアルしてみることをお勧めします。特にS&OPプロジェクトはなおさらです。

　なぜなら、S&OP業務は、SCMに比べ、複雑なITが無くても、簡易的に金額を把握しやすいからです。当然ながら、複雑な計算を要するような場合は難しいですが、販売計画と想定売価があれば総売上高は計算できますし、さらに原価があれば粗利も計算できます。よって、この段階で目指すべき業務のトライアルを実施してみて、見えることによる効果を体験してみることをお勧めします。

　業務トライアルをどのように行うかですが、まずは業務要件定義を行った中から、トライアルすべき業務を選定します。選定する際に注意すべき点は、①新業務プロセスのメインとなるべき業務を選ぶこと、②トライアルすることで効果が期待できたり実感できたりする業務であることです。業務トライアルの目的は先程も説明した通り、見えることによる効果を体験してみることなので、その体験がわかりやすいものであるべきです。そのため、この2点について、注意しながら業務の選定を行ってください。

　トライアルすべき業務を選定した後、業務の詳細設計を実施する必要

があります。ただし、すべての業務を詳細設計するのではなく、あくまでもトライアルを実施する業務についてのみ詳細設計を行います。詳細設計の方法については、Task6の業務詳細設計タスクの進め方で説明しますので、ここでは割愛します。

次に、業務トライアルを実施するための計画を立案します。つまり、実施計画書の作成です。計画書にまとめる内容は、スコープ・期間・スケジュール・実施担当者だけでなく、準備についても必要となります。業務詳細設計に基づいて、業務トライアルを行う際の前提条件を明確にしていき、その上で事前に必要となるデータを明確にしていきます。また、そのデータをどのように準備するか、そのデータをいつ準備するかも明確にしていきます。

以上のような準備をして、いよいよ実施です。実施計画書に沿って進めていき、実施結果について確認していきます。業務トライアルを行うことで、この業務で想定している効果がちゃんと得られるかどうかを確認していきますが、それ以外にも、業務のスピードや質・効果について確認していきます。スピードについては想定している業務が想定時間内に収まりそうかを確認し、収まらない場合の対策案を検討します。対応策としては、例えば業務プロセスそのものの見直しも考えられますし、ITの利用も考えられます。業務の質については、想定している業務を実施するために必要な情報は足りていたか、与えられた情報やデータで判断することは可能だったか、という点を確認していきます。

例えば、前月売上の予実対比を行う業務にて、売上金額での達成率と販売数量での達成率との双方を比較し、予実差異の原因を把握する、と定義した業務があったとします。そして、業務トライアルを実施した結果、販売数量の達成率以上に売上金額の達成率が良かったため、当初予定していた売価より高く売れたと想定して分析して後続作業を進めました。しかしながら、実は売上金額の達成率は売価ではなく為替変動によるものと後から判明しました。このような業務トライアル結果を踏ま

え、当初想定していた売上金額での達成率と販売数量での達成率だけでなく、前月平均売価の予実差異や為替変動も合わせて確認するよう業務を見直していきます。

　この他にも実施したことで、いろいろと気付くこともあります。その気付きによって、業務要件定義内容の見直しが必要であれば、このタイミングで実施します。

◆Task 4：ITツール選定

　このタスクで、業務トライアルを実施した結果も踏まえ、ITに求める要件を整理し、要件に見合うツールを選定します。

　まず、ITツール選定にあたり、ITに求める要件をRFP（Request for Proposal）として作成します。RFPには、IT導入のスコープやスケジュール、機能要件などをまとめ、ベンダーに提出します。また、ITプラットフォームやセキュリティ等、IT運用に関する各種非機能要件についても必要に応じ、RFPに盛り込みます。その後、ベンダーからRFPに対する提案を受けて、その中から自社に一番合った提案を選択します。

　ベンダーの提案を評価する際に、まず前提としておさえておきたいこととして、提案されたITがパッケージソフトなのかスクラッチ開発なのか、というポイントがあります。この観点は7章で詳しく説明するので詳細についてはそちらを参照いただければと思いますが、パッケージソフトとスクラッチ開発のそれぞれにメリット・デメリットが存在しますので、プロジェクトの状況としてどちらが向いているかを見極めて、評価していく必要があります。

　ベンダー各社の提案を評価する際は、機能要件を満たしているかは当然ですが、そのほかに価格や進め方など多面的に比較する必要があります。パッケージソフトの場合、標準機能で機能要件が満たせるのか、満たせない場合アドオンで対応できるのかどうかを確認する必要がありま

す。この結果がIT投資費用や開発スケジュールに大きく影響します。

また、ベンダーからプロジェクトに参画するメンバーに十分な経験があるかどうかも重要な判断ポイントとなります。往々にして、プロジェクトに参画するメンバーの経験が浅く、何かトラブルが発生した際に後手に回ってしまうケースをよく目にします。経験が豊富な人の場合、過去に同様なトラブルを経験していたりし、対応スピードが速いことが多く、また、そもそもトラブルを未然に防ぐ行動がとれる可能性が高いです。よって、ベンダーとして経験があるかどうかも重要ですが、実際にプロジェクトに参画するメンバー自身に経験があるかどうかが重要となります。

◆Task 5：システム要件定義・開発・テスト

このタスクでは、決定したITツールやベンダーを前提に、本格的にSCM/S&OPプロセスのシステム要件定義を実施します。

システム要件定義とは、業務要件定義を基に、ITに求めるシステム機能要件を具体化していくことです。例えば、Task 2の業務要件定義で販売計画立案プロセスがこのように決まっていたとします。

「営業部門がミクロ的な現場感覚から積み上げる計画と、マーケティング部門がマクロ的な市場動向から立案する計画を対比させ、議論をもって最終化する」

この場合に必要なシステム機能としては、個々の営業部門ごとに販売計画を立案できる機能・各計画を積み上げ合算する機能・マーケティング部門が製品群などのまとまった単位で販売計画を立案する機能、そしてそれぞれの計画を比較する機能が必要となります。

このように、業務に求められる要件に対し、ITでサポートする部分を考え、システム機能要件を明確にしていきます。

パッケージシステムを活用する場合、ITに求める機能要件が既にパッケージシステムに備わっている場合があります。そのような場合

は、プロトタイプを実施することが有効です。実施することで、機能要件を具体的な画面でイメージでき、ユーザーの理解や操作性を確認しながら効率的にシステム要件定義を実施することが可能です。

また、システム要件定義の結果を踏まえ、システムの基本設計・開発・単体テスト・結合テスト・統合テストを順次、実施していきます。

◆Task 6：業務詳細設計

業務要件定義やシステム要件定義を基に、業務の詳細設計を行います。このタスクでは、業務要件定義で決めた業務プロセスや業務ルールをもう少し具体的に落としていきます。

業務要件定義タスクで実施する業務設計は、部門レベルで決めていくことが多く、この業務詳細設計タスクにて担当者レベルまで落としていきます。業務を担当者レベルに落とすことで、部門内のやり取りが発生する可能性もあるため、部門内のやり取りのレベルについても業務を詳細に落としていきます。部門から担当レベルに落とす詳細化以外にも、業務パターンの詳細化も考えられます。

例えば、需給調整については、業務要件定義タスクやシステム要件定義タスクでは、生産設備キャパシティ不足を確認して需給調整を行うとか、部品在庫不足を確認して需給調整を行うとか、販社の製品在庫不足を確認して需給調整を行うとか、個々の需給調整の手法について議論、定義していきますが、業務詳細設計タスクでは、それらの需給調整を実施する手法を組み合わせ、いくつかのパターンの需給調整を実施する流れを作成します。そして、製品特性や生産ライン特性を踏まえ、個々の需給調整パターンのどれが適しているかを割り当てていくことを実施したりします。

また、導入するツールに合わせて業務の詳細設計を実施します（導入するツールによっては、このタイミングでツールを活用した業務テストを実施する場合もあります）。

例えば、業務要件定義タスクにて、月バケットで立案した販売計画をITにて週バケットに分解すると定義していたとしましょう。この場合、ITに求める機能要件は販売計画の月バケットから週バケットへの分解となりますが、分解方法もITの仕様によります。仮に、システム要件定義タスクの検討にて、週分解マスタを準備して、そのマスタにしたがって月バケットの販売計画を週バケットに展開する仕様に決めたとすれば、マスタを誰がどのように準備するかを決める必要が出てきます。

また、マスタをITに入力するタイミングも決める必要があります。これを決めるのが業務詳細設計タスクです。

このように業務詳細設計を行い、ITを活用した新SCM/S&OPプロセスを完成させます。

◆Task 7：ユーザー受入テスト・トレーニング

システム要件定義・開発・各種システムテストが完了した後、ユーザー側のシステム機能を確認するテスト（ユーザー受入テスト）を実施します。そして、その後、エンドユーザーも含めたシステムを使用したプロセス全体のトレーニングを実施します。

ユーザー受入テストは、ベンダーが開発したITシステムが要望通りにでき上がっているかを確認するものです。よって、まずは要望通りにITができ上がっているかどうかを確認するためのユーザー受入テストシナリオを作成する必要があります。ユーザー受入テストシナリオの作成方法にはいくつか方法があります。代表的なやり方は、ITに求める機能要件をベースに作成する方法と業務プロセスをベースに作成する方法です。

機能要件をベースに作成する場合、システム要件定義書をベースに開発されている機能が要望を満たしているかをチェックしていく形でテストシナリオを作成します。業務プロセスをベースに作成する場合、業務

詳細設計で具体化させた業務プロセスの手順やルールを元に開発されている機能が要望を満たしているかをチェックしていく形でテストシナリオ作成します。どちらも、メリット・デメリットがありますが、SCM/S&OPプロジェクトの場合、筆者がお勧めする方法は業務プロセスをベースに作成する方法です。SCM/S&OPプロセスの場合、業務の流れが複雑だったり、業務自体が複雑だったりします。そのため、業務プロセスごとに業務の流れに沿って、ITの機能を確認していく方法の方がわかりやすいからです。業務詳細設計で具体化させた業務プロセスの手順やルールを元に、それぞれの業務場面で使われるITの機能をチェックしていく形です。こうすることで、ユーザー自体がITの機能のチェックだけでなく、本番稼働に向けた業務プロセス全体の確認作業が実施できます。なお、このユーザー受入テストで発覚したITの不具合については、課題管理していく必要があります。課題管理は、以下の3つを優先度別に管理する必要があります。

- IT稼働開始までに解消する必要があるもの
- 解消する必要があるが業務運用で回避できるもの
- 稼働後でも問題ないもの

この優先度にしたがって、ITの稼働開始が可能かどうか判断します。

次に、ユーザートレーニングです。ユーザートレーニングにもいくつか方法がありますが、なかでも筆者が推薦する方法はトレイン・ザ・トレーナー制度です。

トレイン・ザ・トレーナー制度とは、プロジェクトメンバーがトレーナーを教育し、その教育されたトレーナーがエンドユーザーを教育する、というものです。具体的には、まず、部門ごとにコアユーザーを選定します。通常のプロジェクトであれば、各部門からプロジェクトメンバーがアサインされているため、そのメンバーをコアユーザーとして選定します。プロジェクトメンバーは新SCM/S&OPプロセスの内容を理解しているため、トレイン・ザ・トレーナーとしては最適な人材です。

そして、業務プロセスごとに教育プログラムを作成し、そのプログラムに沿ってコアユーザーを教育します。そして、部門ごとにコアユーザーが自分のエンドユーザーに教育します。
　コアユーザーとエンドユーザーは普段からコミュニケーションを取っている間柄のため、コアユーザーはエンドユーザーの考えていることや気になっていることを汲み取りながら教育プログラムを進めることができます。
　また、この制度のもう一つの利点は、稼働後にエンドユーザーの質問、疑問点に、自部門内にいるコアユーザーが回答できる、という点です。稼働後のエンドユーザーの不安感を和らげる効果があります。

◆Task 8：移行
　いよいよSCM/S&OPプロセス稼働に向けての最終段階です。このタスクでは、業務プロセス自体の切り替えや、システムデータの移行作業を実施します。
　まず、システムデータの移行作業から説明しましょう。システムデータの移行作業で必要となるシステムデータは、ITが稼働するに当たり、初期データセットアップをする必要があるかどうかです。初期データセットアップが必要なデータはそのデータをどのように準備するかを考える必要があります。システムデータにはマスタデータとトランザクションデータの2種類が存在しますが、マスタデータは、ITが正しく動くためには必須となるため、事前のデータ準備が非常に重要となります。1から作成する必要があるデータの準備は当然ですが、既に存在しているマスタデータのクレンジングも重要となります。既に古くなって使用しなくなったマスタデータや一度作成したものの途中で不要になってしまったが削除されていないマスタデータなどを整備しておくことが重要となります。
　SCM/S&OPシステムでは、たくさんのデータを持つことが想定され

ます。そのため、事前にマスタデータをクレンジングしておき、必要なデータ量にしておくことが重要となります。また、ITによってはトランザクションデータの移行も必要となります。例えば、需要予測システムを導入する場合は、過去の販売実績データなどが必要となるため、SCM/S&OPシステムを稼働させる前に事前にデータをセットアップしておく必要があります。システム移行データを準備するにあたり、既存ITから臨時プログラムを使用し、データ加工しながら新SCM/S&OPシステム用移行データを作成する場合があります。そのような場合、事前に臨時プログラムの開発・テストを行っておく必要があるため、移行作業は本番直前の作業となりますが、移行計画についてはシステム基本設計後すぐに実施しておく必要があります。

　また、システムデータの移行作業は事前にリハーサルを行っておくのが望ましいです。通常では、システム統合テストの開始前にデータの移行リハーサルを実施するのが一般的ですが、必要に応じて移行リハーサルの回数を増やして対応します。

　次に、業務移行について説明しましょう。業務移行とは、新SCM/S&OPプロセスを実施するにあたり、業務的に切り替える必要があるものを洗い出し、その切り替えに必要な作業を明確にし、その上で業務移行を実施します。例えば、新SCMプロセスの導入前後でPO発行のリードタイムが短くなる場合、旧SCMプロセスでいつまでPO発行し、新SCMプロセスでいつからPO発行するかを明確にすることが必要となります。これが業務移行です。このPO発行の例でいえば、一気にリードタイムを短くするのではなく段階的に短くしていく、というような考え方もあれば、新SCMプロセス稼働時から短くするため、旧プロセスでPO発行する期間を少し前から止めておく、という場合もあります。このような業務切り替えの方針を決定し、具体的な段取りを検討していき、実行することが必要です。

◆Task 9：稼働後フォロー

　無事にITが稼働した後は、SCM/S&OPプロセスの稼働後フォローを行います。

　まず、稼働前に、稼働後フォローの体制を確立しておきます。稼働にあたり、現場も新しい業務プロセスに対し、大きな期待がある一方、新業務に慣れていないという不安も大きく存在します。そのため、業務を行うにあたり、色々と質問が出てしまいます。よって、その不安を少しでも小さくしてあげるように、問い合わせ先をしっかり決めておく必要があります。問い合わせ内容もITの操作に関する質問もあれば、業務ルールに関する質問もあり、またITを使用した業務プロセス全体に関する質問も出ます。そのため、IT・業務それぞれの問い合わせ先や問い合わせルートを明確にしておきます。ちなみに、問い合わせ先やルートは一般的に部門ごとに設定します。また、トレーニングのところでも触れましたが、トレイン・ザ・トレーナー制度を実施した場合、部門ごとにコアユーザーを設定していますので、コアユーザーをその部門の取りまとめ相談役として、問い合わせ先や問い合わせルートを設定するのが得策です。

　なお、この稼働後フォロータスクですが、一般的には2ヶ月から3ヶ月を期間設定するケースが多く見られます。1ヶ月だと、月次業務サイクルが1回しか回っていない段階でのプロジェクト解散となり、エンドユーザーへのフォローが不足する可能性があるのと、逆に長く設定すると本来の業務部門への定着化に甘えが出る可能性もあり、2ヶ月から3ヶ月が一般的になっています。

　また、プロジェクト構想タスクで、目指すSCM/S&OPプロセスに何ステップかに分けてIT稼働していくようなロードマップを作成していた場合、次ステップの開始タイミングと体制を検討しておく必要があります。前ステップの稼働後フォローと次ステップとを並行して進めていくのか、稼働後フォローが終わってから次ステップを開始するのか、を

決める必要があります。並行して実施する場合、稼働後フォローを実施する体制と次ステップを進める体制とを考える必要があります。本来、次ステップの検討体制は前ステップの体制のメンバーが実施するのが望ましいですが、稼働後フォロー自体、前ステップメンバーでしか実施できません。しかしながら、稼働後フォローが終了してからの次ステップ開始では、全体のプロジェクト期間が延びてしまうため、プロジェクト費用が増えてしまいますし、何より効果創出が先送りされてしまいます。そのため、稼働後2ヶ月目から、稼働後フォローの工数を落としながら、次ステップ開始の工数を増やしていき、3ヶ月目か4ヶ月目に完全に次ステップに切り替える方法もよく取られています。

◆Task共通：ステアリングコミッティ

SCM/S&OPは、広範囲の拠点・部署を巻込む取り組みです。よって、プロジェクト規模も大きくなり、経営層にレポートを行う必要性も高くなります。前述の各タスクごとに報告を入れることもよいのですが、大事なポイントが存在します。代表的なステアリングコミッティのポイントを紹介します。

・Task 1：プロジェクト構想終了時

大上段で構えた方向性の報告と、今後のタスクの流れ、進める体制やコストを承認してもらいます。この段階でステアリングコミッティの合意と啓蒙に有効な「鶴の一声」を盛り込めれば後続のタスクが進めやすくなります。

・Task 3：業務トライアル終了時

検討した業務要件が実際に実現可能かどうなのかを、実際に業務にあたるメンバーがトライアルで試行した後に報告します。これで方向性が「絵に描いた餅」ではないことをステアリングコミッティに共有し、システム投資への正式な承認を得ます。

・Task 5：システム開発・テスト終了時

大きな投資を行った場合、当然ではありますが投資したものがどのようにでき上がり、品質がどうなのかを報告する義務があります。開発終了時に報告し、ユーザーの最終チェックを受ける段階であることをインプットするべきでしょう。

- Task 7：ユーザー受入テスト・トレーニング終了時

いよいよ、業務が本番化する直前となり、最も重要な判断を要すタイミングとなります。ステアリングコミッティに当初目指した姿とそれを実現するための業務・システム双方の実現度合を報告します。リスクや課題を認識してもらいながら、業務切り替えのGo・NoGoの判断をもらいます。この段階や稼働前後でグローバルに業務切り替えのアナウンスを流す企業も多く、最も緊迫する報告です。

- Task 9：稼働後フォロー

業務切り替え後の1ヶ月後、3ヶ月後、6ヶ月後などに行われる場合が多く見受けられます。業務切り替え後の混乱状況やシステムを用いる場合の品質状況、新しい組織での運営状況など、全体で見た場合の安定化の状況を報告します。この段で出てくる課題はSCM/S&OPの今後の改革指針のヒントになるものも多く、定性・定量の両面で推移を監視する必要があります。

◆Task共通：外部企業の活用（コンサルティング会社、システムインテグレーター等）

SCM/S&OSCM/S&OP改革プロジェクトを進めるにあたり、理想としては全リソースをすべて自社内で賄うことですが、現実的に自社内で賄うことは難しいと言えます。主な理由は下記です。

- 必要な知識・経験が不足している
- 同様プロジェクトの経験がない場合、リスクを読んだ先手対応は難しい
- タスクを引いたときに、プロジェクトへの期待値を踏まえた現実的

なスケジュール感を引く難しさがある
- いざ検討を進めるとなった段で、検討の土台となる案出しがスムーズにいかない
- 様々な利権・思惑が交錯する業務の取り決めの中で、おそれずに方向性を決めなければならない
- 絶対解が存在しない計画業務の業務要件で、1つを選択し関係者を納得させて進める必要がある
- 購買/生産/物流/販売、さらに管理会計的な領域まで含めた全体観点からの要件出しをする必要がある
- 自社で過去から現在まで行われてきた方法を、否定する場面が出てくる可能性がある

さらに、コンサルティング会社とSI（System Integrator）会社のどちらをどの程度の割合で使うのかに至っては、かなりの習熟を必要とします。SCM/S&OPに関するプロジェクトばかりを行っている我々自身でさえ、組合せによって迷うことがあるというレベルです。実業を持ち、様々な業務をこなしている事業会社の方々にとってはさらに難しいものだと言えます。役割分担で判断に迷うポイントは下記で、プロジェクトの各フェーズごとに必要となるスキルのレベルが自社にどの程度あるのかに依存し、気合・根性では埋められないものです。
- 業務要件定義を行うのは、自社かコンサルティング会社か（業務要件の定義スキル）
- システム要件定義を行うのは、コンサルティング会社かSI会社か（業務とシステムの橋渡しスキル）
- 開発やテストが終わったものを確認、OK/NGを出すのは自社かコンサルティング会社か（開発スキル）
- プロジェクト管理を行うのは自社かコンサルティング会社かSI会社か（プロジェクト管理スキル）

いずれにしろ、お互いに歩み寄って協働する必要がある部分ではありますが、そこにかかる工数や必要な前提知識は何かを吟味した上で決めていただきたいと思います。

用語解説

RFI：
Request For Informationの略。情報提供依頼書のこと。情報システムの導入や業務委託などを実施するに当たり、最新の技術や他業界での取り組み等の情報提供を依頼する文書。一般的にはこれを基にRFPを作成したり、RFPを提示する発注先候補を選定する。

RFP：
Request For Proposalの略。提案依頼書のこと。情報システムの導入や業務委託などの発注先候補者に対して、具体的な提案を依頼する文書。提案に必要となる背景や目的、提案依頼の範囲、前提条件、調達条件等が示されている。

PO：
Purchase Orderの略。購買オーダーのこと。

3 プロジェクト評価（効果の想定と効果の実測）

　プロジェクト企画時点で錦の御旗を掲げ、プロジェクトの狙いに基づき、構想内容を踏まえてプロジェクトの効果の想定を行うことになります。主だったSCM/S&OPの効果とそれを図るためのKPIの一例を**図表5-8**にまとめます。

　このうち、柔軟性と可視化の項目は定量的に測定しづらい定性的なもので、その他の項目は定量的に算出することが可能なものになります。

　ここでは1つ1つの指標の細かな説明は割愛しますが、効果の想定と測定におけるポイントを述べます。

効果の想定

　比較的、理論的に想定しやすいのが、外部環境に影響を受けにくい（影響が0ではない）企業内部の業務オペレーションコスト（業務工数）、ITコスト等です。これらは現状のITコストや業務工数をヒアリングして集計し、構想内容に基づきどのように削減できるか想定します。

　次に想定している新業務を実現することにより、どれくらい業務プロセスのリードタイムが短縮できるか、業務サイクルや納期回答日数を短縮できるか、などですが、これも現状業務と新業務の変化点を抑えることで効果を想定します。

　販売計画精度等の計画精度指標については外部環境の影響を受けやすく、そもそも100%当たるものではありませんので、ある程度の目標として設定せざるを得ません。また、物量や現状のオペレーションレベル、市場環境の変動の激しさなど、拠点ごとに達成の可能性が大きく異なるので、販売計画精度95%というような絶対値の目標設定を行うのではなく、現状の精度からの改善率を目標とすべきです。

図表5-8　SCM/S&OP効果指標例

　業務的なリードタイム削減想定、計画精度目標から在庫効率化への影響を算出します。ただし、在庫は品質問題や外部からの調達動向など様々な要因で変化するので、そういった影響がないものと仮定して簡易的に算出することになります。加えて競合他社のベンチマーク等を効果の想定時の参考に活用します。

　ここまではSCM的観点での効果の想定ですが、S&OP観点でいうと**図表5-9**の収益性、つまり"どれだけ儲けられるのか"ということになります。しかしながら、この点については外部環境、市場環境の影響が大きく、理論的に算出することが非常に困難です。そもそもここが読めないからこそS&OPを導入し、経営層の意思入れを行い、業務の"質"を経営層も含めて向上していくのです。したがって収益性の向上は目標値として定義はするものの経営層の参画、情報・業務の可視化、判断スピードの向上等の定性効果に重きを置いた想定になります。

　効果を想定する際には、その想定結果のみだけでなく、想定時の条

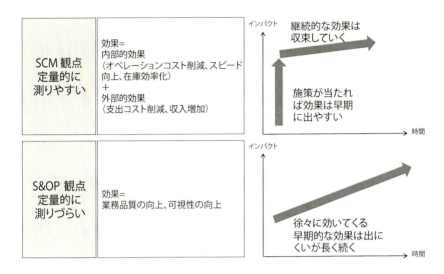

図表5-9　SCMとS&OPの効果の違い

件・仮定を明確にすることが重要です。様々な変化が外部的にも内部的にも発生する環境下においてはこの条件・仮定を抑えておかないと、後々、効果の測定を行う際に正しい評価ができなくなるからです。

効果の実測

　プロジェクトが困難を極めながら終盤に差し掛かってくると当初の効果達成よりも、新業務・新システムの運用開始が目的となってしまう、手段の目的化が起きやすくなります。これはプロジェクトが長期間になればなるほどその傾向が強くなります。そのため本書ではスモールスタートによるアプローチを行い、効果を創出しながらプロジェクトをドライブしていくことを推奨しています。

　過去のSCMプロジェクトの多くは最初に設定した目標に対する効果の実測がない、または目標に対して十分な効果が得られなかったため取り組みが縮小していったように思います。効果がでていない、実感できないとモチベーションが下がり取り組みに対して否定的になってしまう

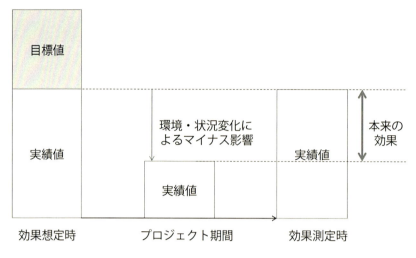

図表5-10　効果測定時の変化点考慮

からです。そのため、効果の実測においては下記3点が重要になります。
- 効果の想定時から、効果の実測時の変化点を抑える
- 定期的に効果指標を確認できる仕組みを作る
- 関係者の声を拾う

　まず、外部環境・内部環境が刻々と変わる状況下においては点と点で効果を測定し、評価しても正しい評価はできません。

　図表5-10に示すようにプロジェクト期間中に大きなマイナス影響のある変化があった場合に、その影響を考慮せずに効果の実測を行うと、本質的には効果が出ているにもかかわらず、全く効果が無い、または逆効果であるように見えてしまいます。

　そのためプロジェクトの期間にもよりますが、新業務・新システム開始の前に効果の想定時の条件・仮定に対する変化点とその影響を少なくとも1回以上、測定しておくことが必要です。変化点を抑えることにより効果の想定時には把握できていなかった、または想定していなかった効果項目が上がってくる場合もあるので、それらを想定効果に追加する

こともできるようになります。

次に定期的な効果指標の測定についてです。

プロジェクト終了後に1回きりの効果の実測では、その後の改善につながりません。また、効果指標の測定のために大きな集計工数をかける必要があるような状態ですと、効果の実測そのものに時間がかかり、また測定作業自体が負担となり長続きしません。

したがって、業務・IT双方の観点から定期的に状況を共有でき、アクションを取れる仕組みを作ることが重要です。この定期的な仕組みを作ることがS&OPの重要な目的の1つにもなります。

最後に関係者の声についてです。

これまで定量的な部分を中心に説明をしていますが、数値に表せない部分の効果の実測を忘れてはなりません。

構想時には現状業務や課題のヒアリングを行い現場の声を拾ったり、経営層の意向を伺ったりすることは行いますが、新業務や新システム開始後に再び実施することを忘れがちです。ITを導入している場合であれば業務担当者からこの画面や機能の使い勝手が悪いので改善してほしい、機能が足りずに効率的ではない、といったITに対するマイナス的な声は自ずと集まりますが、業務が効率化されたとか、良くなった点については積極的に拾いに行かないとなかなか集まりません。関係者が効果を実感しているのかどうかは数値的には表しにくいものです。

こういった声を拾うことにより業務・ITに必要な改善点を洗い出すとともに、次の打ち手を検討するための足がかりにもつながっていくのです。

5章まとめ

　本章では、プロジェクトを実行するにあたり、プロジェクト自体のアプローチや進める際のタスク、実行による効果について説明してきました。

　アプローチの取り方で結果は大きく変わってくるため、どう取るべきかは非常に重要な選択となってきます。本章では、企業文化や風土、過去の変遷や歴史、また事業特性によっても異なることを説明してきましたが、それらを踏まえて是非とも読者の企業に合ったプロジェクトアプローチを模索していただきたいと思います。

　また、タスクについては、SCM/S&OPプロジェクトを実施する際の一般的なものを説明してきました。しかしながらSCM/S&OPプロセスは、個々の企業にとって似て非なるものとなります。そのため、本章で説明した内容を元に、カスタマイズしながら進めていくことが重要です。

　そしてプロジェクト評価については、構想段階や実施後の効果の測定について説明しました。経営者にとって、プロジェクト投資対効果が非常に重要な要素となることは読者も十分理解されていると思いますが、実際には評価が行われていないケースが多く見られます。これはSCMやS&OPプロセスが複雑で、効果の測定の仕方がわからなかったり、測定したものの経営者に対して説明しにくい結果が出てしまったりしているからです。経営者から見た場合、実施した結果、効果があったかどうかわからなかったというようなプロジェクトのメンバーには再度プロジェクトを任せようとは考えないものです。本章に書かれている内容を理解し、効果をしっかりと経営者に説明して下さい。

　次章では、4章でプロジェクトを企画し、5章で実行を進めて行く中で、特に推進の障壁や判断の迷いが生じやすいポイントについてまとめます。

困った発言が多い？

　プロジェクトを進める中で、よく出る発言があります。いずれもSCM/S&OPならではの、範囲の広さ・関係する部署の多さ・改革の難しさといった特徴からくるものではないかと感じます。

- コミュニケーションに関するもの
  「聞いていない」・「そうは思っていなかった」・「言った（言っていない）」・「誰に言えばよいのかわからない」・「早く言ってほしかった」
- 業務プロセスやルールに関するもの
  「時間が足りない」・「総論では賛成（各論では反対）」・「例外業務は例外ではない」・「あの事業とうちは違う（複数事業がある場合）」
- 対象業務の広さに関するもの
  「販売がよくても生産が了承できないかも」・「全体最適でも個別負荷は高まる」・「時差を考えると会議体の調整が大変」
- 業務の難しさに関するもの
  「今後その方法でよいのかわからない」・「その時々で判断要素・判断順位が変わる」

　いかがでしょうか？
　これらは一例ですが、プロジェクトを円滑に進める為のコツがここでも見え隠れしていることがわかると思います。
　とても人間的であり、アナログな感じが多いのです。SCM/S&OPに関する業務は定量的な数値（各種KPIや金額）で評価されがちですが、実は定性的であり人間的な要素を多分に含むためにこのような発言が多くなるのです。ある時期にベストと考えられる業務であっても、いつまでもその方法がフィットし続けるとも限りません。
　困った・悩んだ・迷ったポイントを貯めて行き、新しい業務に切り替えた後も継続的に観察し、常に次の一手を考えていくべきでしょう。

Memo

第6章
プロジェクト推進の壁を乗り越えるコツ

1 SCM/S&OP改革プロジェクトで必要となる検討テーマ

　販売・出荷から生産・調達まで業務をまたいで元々幅広い領域での検討が必要であったSCMの取り組みですが、2章で述べている環境の変化等から、昨今のSCM/S&OPで検討が必要となる領域は業務領域並びに経営層へと、その範囲がより広がっています。

　SCM/S&OP改革プロジェクトを推進する際に必要となる検討テーマは多岐にわたり、また当然ながら企業のサプライチェーンの状況、環境等により様々です。ここでは架空の想定企業をサンプルケースとして改革プロジェクトに必要となる検討テーマを紹介します。

　まずは想定企業のサプライチェーンを**図表6-2**に示します。

　想定企業は国内と海外に生産拠点をもち、グローバルの販売拠点に製品を供給しています。海外の生産拠点は一部外部企業である協力工場も含みます。国内、海外の生産拠点はそれぞれ部品をサプライヤーから調達しますが、一部部品については国内生産拠点から海外の協力工場に支給します。国内の生産拠点では工場に製品在庫を持ち、販売拠点に供給していきますが、海外の生産拠点では工場に製品在庫を持たず、物流倉庫を別途持ち在庫を保管しています。各国の販売拠点は製品在庫を持ち、顧客に出荷していきますが、アジア地域販社は物理的な倉庫を持たず、物流拠点からアジア地域顧客に直送しています。各販売拠点から生産拠点には本社が商流として入っておりオーダーを発行します。

　この想定企業では、SCM/S&OPを改革するにあたり、製品の販売計画から在庫計画、製品の仕入計画や供給計画・生産計画、部品の調達計画を連携して立案し、本社組織として全体計画の取りまとめと調整を担う需給調整組織を配置し、経営層と一体となった業務を企画しています。

第6章　プロジェクト推進の壁を乗り越えるコツ

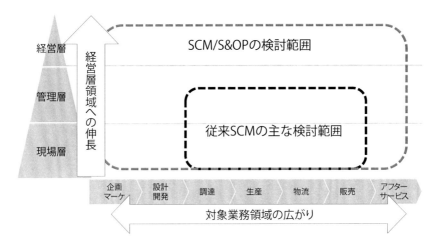

図表6-1　より広がるSCM/S&OPの検討範囲

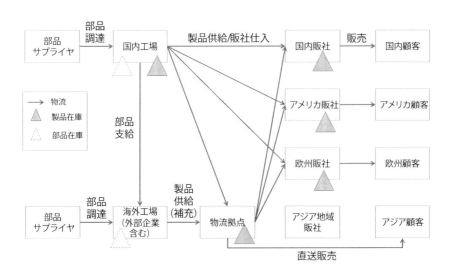

図表6-2　想定企業サプライチェーン

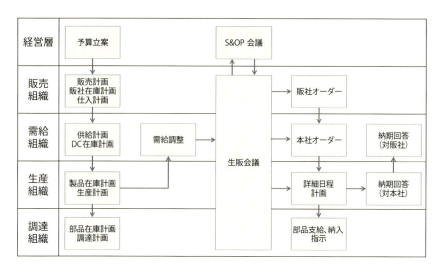

図表6-3　想定企業SCM計画業務基本フロー

　このようなケースに必要となる検討テーマを挙げると**図表6-4**が想定されます。図表6-4では検討テーマを4章で説明した7つの軸ごとに整理しています。

　あくまで一例であり、1つ1つのテーマの詳細は割愛させていただきますが、このケースからわかるようにSCM/S&OPの改革に必要となる検討テーマは非常に幅広く、またそれぞれで深い議論が求められます。図表6-4では検討の順序や、優先度は記載していませんが、どのような順序で検討を進めるのかにより改革プロジェクトを進み具合や効率性、検討に要する時間並びにプロジェクトの期間は大きく影響を受けます。

　したがって、必要となる検討テーマを正しく洗い出し、誰が検討に必要か、誰なら決められるかを考え、検討テーマの重要度と優先度付けを行った上で、タスクに割り当ててスケジュールすることが非常に重要なのです。

第6章　プロジェクト推進の壁を乗り越えるコツ

軸	検討項目	検討項目詳細	備考
上下戦略	経営層のSCM/S&OPへの関わり	SCM/S&OPにおける経営層の関与度、役割	
	SCM/S&OPのスコープ	対象業務領域	
		対象事業・製品	
		対象地域・拠点	
	SCM/S&OPで使用する金額情報	SCM/S&OPにおける予算情報の扱い	
		使用する金額情報	
組織・人	組織定義	各組織・部門の責任・権限	
		各組織・部門の役割	
プロセス	全体業務フロー	年次業務フロー	
		月次業務フロー	
		週次/日次業務フロー	
	全体在庫方針	ストックポイント/デカップリングポイント定義	
	需要予測	需要予測活用方針	統計的需要予測の利用有無と活用範囲
	販売計画	販売計画の種別と位置付け	月次計画と週次計画
		販売計画と売上予算の位置付け	
		販売計画立案単位（地域軸）	チャネル、国等
		販売計画立案単位（製品軸）	製品群、製品別等
		販売計画立案期間	
		月次販売計画-週次販売計画連携	月→週按分方法、月またぎ週の扱い
		受注情報の扱い	参照、計画の外数、内数、ネッティング
		計画-実績差異取り扱い	計画の繰越有無
	販社在庫計画	販社在庫計画で考慮する在庫種別	有効在庫（販売可能在庫）、不良品在庫、貸し出し在庫、引当済在庫等
		販社在庫計画立案方法	固定、動的在庫計画
	仕入計画	販社への輸送中在庫の扱い、管理方法	
		計画立案方法	
		計画確定期間定義	確定期間の定義、管理粒度
		MOQ、ロット丸め	仕入計画立案時点でのMOQ、ロット丸め考慮有無
	供給計画	計画立案方法	輸送LTの考慮
		計画確定期間定義	確定期間の定義、管理粒度
		計画MOQ、ロット丸め	供給計画立案時点でのMOQ、ロット丸め考慮有無
	生産在庫計画	生産在庫計画で考慮する在庫種別	良品在庫、不良品在庫、検査中在庫、仕掛り在庫、引当済在庫等
		計画立案方法	固定、動的在庫計画
	生産計画	計画立案方法	詳細日程計画との関係、連携
		確定期間定義	確定期間の定義、管理粒度
		MOQ、ロット丸め	生産計画立案時点でのMOQ、ロット丸め考慮有無

図表6-4　SCM/S&OP検討項目一覧

軸	検討項目	検討項目詳細	備考
プロセス	調達計画	計画立案方法	MRPとの関係、連携
		確定期間定義	確定期間の定義、管理粒度
		MOQ、ロット丸め	調達計画立案時点でのMOQ、ロット丸め考慮有無
	支給計画	計画管理主体	支給元が管理するか、支給先が管理するか
		計画立案方法	
	出荷計画	出荷計画の考慮レベル	SCM/S&OP計画時の出荷をどこまで考慮するか
		コンテナ丸め	コンテナ丸めの実施者、実施方法
		出荷指示連携	出荷指示プロセスとの連携方法
	需給調整	考慮対象生産制約方針	部品、生産キャパシティ等調整時に考慮する生産制約
		生産キャパシティ制約	生産キャパシティ制約の考慮粒度、考慮対象期間
		部品制約	部品制約の考慮対象部品の考え方、考慮対象期間
		調整方針	調整対象製品、自動化範囲の検討
		調整対象期間	需給調整を実施する範囲
		アロケーションルール	アロケーション時の判断基準
		輸送手段決定ルール	代替輸送手段の決定権限、ルール
		エスカレーションルール	経営層へ判断を仰ぐ事項と管理層で調整する事項の切り分け
	会議体	会議体定義	生販会議、S&OP会議等言葉の定義と位置づけの整理
		生販会議基本アジェンダ	
		生販会議運用	参加者、開催頻度（月次、週次）、開催方法（一括、販社別）、タイムテーブル
		生販会議使用レポート	会議で使用するレポート、情報定義
		S&OP会議基本アジェンダ	
		S&OP会議運用方法	参加者、開催頻度、生販会議との開催タイミングの関係（生販会議を併用する場合）
		S&OP会議使用レポート	会議で使用するレポート、情報定義
		長期休暇時の運用ルール	年末年始、GW等
	オーダー管理	オーダー管理基本方針	計画確定期間、変更ルール
		販社-本社間のオーダールール	オーダーのトリガー、単位
		本社-工場間のオーダールール	オーダーのトリガー、単位
	納期回答	納期回答確認方法（生産購買）	回答有無、要求納期ずれ、納期変更チェック方法
		販社納期回答方法	EMS納期回答の販社への回答方法（連鎖方法、粒度）
		納期回答更新タイミング	更新頻度（週次、日次）とPSIへの反映方法
	ライフサイクル	新商品立ち上げ時の計画の扱い、運用ルール	
		EOL、ディスコン時の運用ルール	EOL後の残材責任
	その他	返品、手直し時の対応	
		販売KIT/組み合わせ品の扱い	
		物流加工品の扱い	
		工場KIT/組み合わせ品の扱い	
		アクセサリ/サービスパーツの扱い	
	マスタ管理	マスタ管理方針	必要となるマスタ項目、管理者
		マスタ管理プロセス	更新頻度、更新ルール

図表6-4　SCM/S&OP検討項目一覧（つづき）

第6章 プロジェクト推進の壁を乗り越えるコツ

軸	検討項目	検討項目詳細	備考
評価・分析	モニタリングKPI	販売組織オペレーションKPI	販売組織の計画業務、オペレーションをモニタリングするためのKPI
		需給組織オペレーションKPI	需給組織の計画業務、オペレーションをモニタリングするためのKPI
		生産・調達組織オペレーションKPI	生産・調達組織の計画業務、オペレーションをモニタリングするためのKPI
	評価KPI	全体評価KPI	SCM/S&OPプロセス全体で軸となるKPI
		販売組織評価KPI	予算達成率、販売計画精度など販売組織のパフォーマンスを評価するためのKPI
		需給組織評価KPI	予算達成率、在庫月数など需給組織のパフォーマンスを評価するためのKPI
		生産・調達組織評価KPI	コストダウン率、納期遵守率など生産・調達組織のパフォーマンスを評価するためのKPI
外部	顧客連携	実売・流在情報	実売、流在情報収集プロセスと計画業務での取り扱い
	仕入先連携	仕入先在庫・計画情報	仕入先管理の在庫・計画情報収集プロセス、対象情報と計画業務での取り扱い
情報システム	PSI連携定義	各拠点間のPSI情報連携、輸送レーン定義	
	計画定義	販売計画基準	出荷・売上基準
		在庫計画基準	手持ち・仕掛り・輸送中・良品・不良品
		仕入計画基準	DDU・FOB
		供給計画基準	DDU・FOB・工場出荷・倉庫出荷
		生産計画基準	生産上がり・生産着手
		調達計画基準	倉庫着・サプライヤ出荷
	リードタイム定義	輸送リードタイム	リードタイムの範囲、単位（週・日等）
		出荷リードタイム	リードタイムの範囲、単位（週・日等）
		生産リードタイム	リードタイムの範囲、単位（週・日等）
		調達リードタイム	リードタイムの範囲、単位（週・日等）
	コード定義	品目コード・型番定義	グローバルコード、リージョナルコード、コード変換
		得意先コード定義	グローバルコード、リージョナルコード、コード変換
		仕入先コード定義	グローバルコード、リージョナルコード、コード変換
	情報共有範囲	販売情報	販売計画、実績情報の組織間共有範囲（生産組織とどこまで共有するか）
		販社在庫情報	販社在庫（製品）見込み、実績情報の組織間共有範囲（生産組織とどこまで共有するか）
		生産・調達情報	生産・調達計画、実績情報の組織間共有範囲（販売組織とどこまで共有するか）
		生産在庫情報	生産在庫（製品・部品）見込み、実績情報の組織間共有範囲（販売組織とどこまで共有するか）
	情報粒度	販売実績情報収集粒度	日/週、SKU/製品群、地域/チャネル等収集する情報の粒度
		生産・調達実績情報収集粒度	日/週、SKU/製品群、仕入先等収集する情報の粒度

図表6-4　SCM/S&OP検討項目一覧（つづき）

2 事例にみる実現の壁

　SCM/S&OPプロジェクトを開始し、必要となるテーマの検討を進めると様々な壁が立ちはだかります。企画通りに順調にプロジェクトが進むことはほとんどなく、大小様々な問題の解決を図るためにその都度プロジェクトメンバーで協議し、対応を取っていくことになります。
　ここでは、改革プロジェクトを成功に導くための勘所となるポイントをいくつか紹介します。

経営層の改革プロジェクトへの巻き込み
　この後に述べる改革プロジェクトにおける実現の壁を乗り越えるためにはいずれも経営層の理解と参画が重要、かつ必須と言えます。一方で日本企業の性質として、これまでのSCMへの取り組みは現場主導のボトムアップアプローチが中心であることが多く、いざS&OPを実現するために経営層がイニシアティブをとったトップダウンアプローチに切り替えることはなかなか容易ではありません。企業によってはもともと経営層のSCMに対する理解が深い、またはトップダウン的な傾向の場合もありますが、そういった企業は少数です。
　経営層に積極的にプロジェクトに参画してもらうためには、改革に対する認知⇒理解⇒受容⇒協調⇒内在（腹落ち）という流れがあり、これを飛ばして協力依頼を行ったとしても、賛同は得られません。
　よく経営層の協力が得られないため、プロジェクトの方向性が定まらない、うまく進まないといった声が聞こえますが、経営層に対するしっかりとした説明がなされていないことが原因であることがよく見受けられます。
　また、現場視点中心の説明ですと、経営層の思い、悩みとのギャップがあり、なかなか理解してもらえないことになります。そのため、経営

層観点に立った頭の使い方を想定し、それにつながるように説明を行う必要があります。また関係する経営層全員に一度に説明してもそれぞれの考え方や思いには差があることから賛同してもらえそうな方から説明を行い、徐々に協調してもらえる経営層を増やしていくことになります。そうすることによりプロジェクト側からの説明だけでなく、経営層同士の会話により内在（腹落ち）を促していきます。経営層に内在（腹落ち）してもらったのち、影響範囲も協力範囲も大きいプロジェクトになることを説明し、経営層からプロジェクトの掛け声をかけてもらうことが肝要です。実際に、経営層を上手く巻き込んだプロジェクトは上記の流れを、地道に根気強く行っています。

財務数値との整合性

　S&OPでは金額情報を取り扱い、予算との対比が必要になることから、まず出てくる問題は財務数値との整合性です。SCMで通常取り扱う範囲は製品・部品等の「モノ」の売買・入出庫に直接関連する計画となります。一方で実際の販売・生産・調達活動において発生する下記のような要素が財務数値との不一致を招きます。
- 販売値引き・仕入値引き
- 在庫補償
- リベート
- 返品・リワーク

　また営業利益レベルでの収益管理を行う場合は、加えて販管費を考慮する必要性がでてきます。従来のSCMによる数量ベース計画では品目に1対1で直接紐づかないものやイレギュラーで発生する上記要素を織り込むことは基本的にありません。しかしながら金額を取り扱う、特に経営層がその情報をみて判断・意思決定するといった途端に財務数値と金額情報を一致させるためにどうするのかが取り上げられがちです。

　財務数値とS&OPで取り扱う金額を完全に一致させようとする場

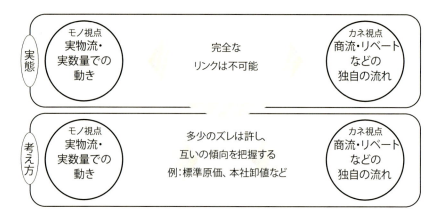

図表6-5　財務数値との整合性

合、これらの要素を計画に取り入れ、各種実績もタイムリーに吸い上げていくことになり計画業務・ITが複雑になります。かつ、取り扱う情報が多岐にわたり逆に判断が難しくなります。

また、各種実績値情報や単価情報といった金額換算を行うための基本情報に非常に高い精度を求められることになり、S&OPに取り組む以前のITや業務実行基盤の問題が取り沙汰され、S&OPの取り組みそのものが頓挫する可能性もあります。

本書で定義しているS&OPは利益を生む意思決定を行うための金額情報の取り扱いを目的としており、財務数値と完全に一致することを目的とはしていません。そのため、経営層がプロセスに参画するにあたりS&OPで用いる金額情報の位置付けと財務数値の差異を理解してもらうことが重要になります。この理解が不十分なままS&OPを進めると財務数値とSCM/S&OPで取り扱う金額情報を一致させることが目的となりかねません。

ある程度、方向性の判断を間違わないレベルで留めるよう、コントロールが必要です。

販売計画の位置付けと売上予算の関係

　SCM/S&OPプロセスの重要な計画である販売計画を数量から金額換算した際に出てくるのが売上予算との関係性の問題です。販売計画を金額換算し売上予算と対比した際に、売上予算に対し販売計画が下回っている場合、売上予算を達成するために実際の販売見込みを上回る販売計画が立案されがちです。この場合、強気の販売計画に基づいて生産・調達活動がなされ、結果として過剰在庫や直前での生産変更、キャンセル、計画の変動が大きくなります。SCM/S&OPでは基本的に販売計画を計画立案の起点とすることから販売計画のブレは全体のブレに直結し、かつその影響は生産、調達に行くほど大きくなります。

　この問題はSCM/S&OPの取り組みを行い、実際に業務を始めた後に発生、発覚することが多く見受けられます。S&OPで取り扱う金額換算した販売計画は可能な限り実態に則したものとするべきであり、売上予算との対比はギャップを見て対策を打つために行うものです。改革プロジェクト中に理解はしていても、いざ実業務を始めてみると売上予算に大きく影響を受けるのです。そのためSCM/S&OPで立案する販売計画の位置付けを経営層から現場層までしっかりと理解もらう必要があります。特に経営層の理解が不十分な場合、販売計画が売上予算に達していないとトップから『予算達成のために販売計画数量を上方修正せよ』と指示が出て、販売計画を強制的に修正しなくてはならないこともあります。

　また類似してよくある問題が月次での売上予算管理です。可能な限り当月の売上予算を達成するために販売計画を強めにキープ（月初または前月末に立案した当月の販売計画に対し、販売実績が思わしくない場合でも月単位の販売計画総数を維持）することがよく見受けられます。翌月になって、前月の販売実績をあきらめ初めて販売計画の未達部分を落とすことになるため、将来の販売計画を見直した際に大きく計画が変動します。サプライチェーンのブレを内部要因で大きくさせ（特に生産計

画・部品調達計画に大きなしわ寄せが来ます)、過剰在庫を招くのです。販売計画を立案する管理層や現場層で販売計画の位置づけとその影響（いわゆるブルウィップ効果）の理解が不十分な場合、この問題に陥りがちです。

　この壁を乗り越えるためには、先述の通り経営層の協力が必要です。経営層が販売計画立案担当者に対して、現実的な販売見込をもとに販売計画を立てることを常に奨励するのです。また、販売計画に対して複数のシナリオを設定するのが良いでしょう。例えば、現実的な販売見込が売上予算に対して明らかに到達しないが売上予算達成の確率が0%ではない場合に、売上予算＝最善ケースの販売計画、現実的な販売見込＝堅実ケースの販売計画、と2つ販売計画を持つのです。堅実ケースが作成されない場合には、統計的需要予測を活用するのが有効です。販売計画と売上予算の2つの比較だけの場合、この両者のギャップを販売計画の数値を操作することで埋めようとしてしまいますが、販売計画にシナリオを適用すると、いかに堅実ケースを最善ケースに近づけるかという販売側のアクションの議論に集中します。また、販売側が販売計画を強めにキープするのは、生産設備や在庫不足を懸念しているためです。その懸念に対応する為にSCM計画担当者はまず初めに、堅実ケースの販売計画をもとに生産設備計画や在庫計画を作成します。そして最善ケースの販売計画通りに受注が来た場合に、その生産設備計画や在庫計画がもつバッファーで供給ができることを示します。そうすることで、最善ケースの販売計画をもとに作成した生産設備計画や在庫計画で動いた場合よりも、設備・在庫過多のリスクを抑えることができ、さらに販売側に堅実ケースの販売計画を作成することの意味を理解してもらうことができます。堅実ケースの販売計画を基にした生産設備計画や在庫計画では供給が不足すると見込まれる場合には、その不足分だけを、最終的な売り上げ見込みと設備や在庫の追加投資分のコストをS&OPで天秤にかけて、経営層の意思決定で意志入れをします。

イレギュラー業務の扱い

　検討を詳細に進めると出てくる話題が返品・リワーク・地域や製品の個別業務等のいわゆるイレギュラー業務をどうするのか、という点です。新しくSCM/S&OP業務を考える際は極力シンプルにするべきですが、実際の業務でいざ計画から実行に移す際や、SCM/S&OPの基礎情報となる実績情報の収集の際には当然ながらイレギュラー業務によって発生したものが含まれます。イレギュラー業務をすべて拾った上で検討を進めると個別の特殊業務のヒアリングや対応の検討に多大な時間を要する可能性がありますし、ITに取り込む場合は開発工数の増大を招くリスクがあります。

　一方でイレギュラー業務をすべて外してしまうと計画に大きな影響を与える事象を除外してしまい、計画精度を落としてしまうこともあります。またイレギュラー業務の検討が後回しにされることが多く、プロジェクト後半にイレギュラー業務の扱いを検討し始めるとそれまで検討していた内容をひっくり返すようなこともあり得ます。

　そのためプロジェクトの初期段階でイレギュラー業務を一度洗い出し、それら業務や事象の頻度・数量ボリューム・金額インパクトを評価し影響度を見た上で、新業務やITにどこまで考慮するかを決めることが重要です。

　またイレギュラー業務ではありませんが、新製品の立ち上げや、終売など量産期以外の製品ライフサイクルの考慮も検討が後回しにされがちですが、製品ライフサイクルが短く、かつ製品数が多くなっている現状においては留意が必要です。

製品の重み付け

　製品ライフサイクルが短くなり、取り扱い製品が増えてくる中で全製品に対して同様の扱いをしようとすると、計画対象製品が多く、業務を回せなくなる可能性が高くなります。新しい業務や管理方法を検討する

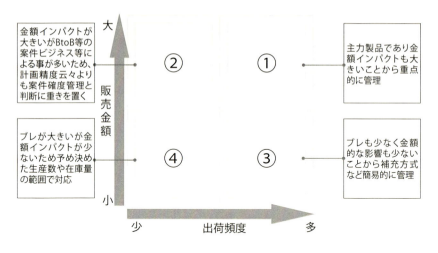

図表6-6　製品（群）の重み付け例

と現実的に回せないという反対意見が現場から出てきますが、それは全製品を同様に扱うことをイメージしての発言であることが多くあります。人海戦術でなんとかやり切るということも考えられなくはありませんが、業務的な負荷が高く、非効率です。そのため売上やコスト・利益影響の大きいものと、そうではないものとを切り分けて考える事がポイントになります。**図表6-6**に分類分けの例を示します。

　縦軸には金額軸（販売金額や原価、利益等）、横軸には数量軸（出荷数量や頻度）をとって製品を分類する例です。すべての製品を同様に管理することは非効率なことから金額インパクトの大きい製品に焦点を置き、金額インパクトの少ない製品は優先度を下げます。いわゆるABC分析におけるパレートの法則などから図表6-6の①②のエリアに入る品目数は全体の10〜20%程です。その中でも出荷頻度等の需要特性で分類し管理方法を変えるといったやり方です。横軸は出荷の頻度以外にも調達のリードタイムや製品のライフサイクルなどで分類や、複数の軸を組み合わせることもあります。ただし、あまり分類軸を増やしたり同一軸の中での切り分けを細かくすると分類が多くなりすぎ、逆に複雑化し

ますので注意が必要です。

部品情報の取扱範囲

　部品制約を考慮した製品の需給調整を行う場合、計画の対象とする部品をどこまで扱うかが問題になります。確かに製品を構成する部品の一つでも足りなければ計画通りの生産ができないのは事実です。しかしながらすべての部品在庫・入庫予定を考慮した計画を立案し、需給調整を行うのは相当に困難なものになります。ITサポートで、部品在庫・入荷予定状況から自動的に生産可能数を算出することもツールによっては可能ですが、算出された計算結果が、どの部品の影響でそうなったのかが把握しきれず、また関係組織が納得するような結果にならず、合意形成に必要な説明ができなくなります。そのためSCMの計画において取り扱う部品は金額インパクトの大きい、調達リードタイムが長い等のキーパーツ・重要部品に絞ることを推奨しています。影響度の大きいものに絞って計画の調整を行うことで効率的に、かつ効果的に需給調整を行うことを狙ったものです。

　一方でS&OPとして部品レベルでの金額情報の把握を試みる場合、対象とする部品が絞られている事から部品全体の在庫金額や調達予定金額とは差異が生じます。より正確に部品全体の金額を把握しようとすると上記の調整時に考慮する対象キーパーツ・重要部品の問題と矛盾が生じます。

　財務数値との整合性の問題でも触れましたがS&OPで取り扱う金額情報は意思決定をサポートするためのものです。そのため部品の金額情報については全体金額の内、カバーされている割合を認識し、関係者に理解してもらう必要があります。

組織間の目的の整合と設置

　S&OPに限らず、SCM改革の取り組みで必ず挙がる問題が販売・需

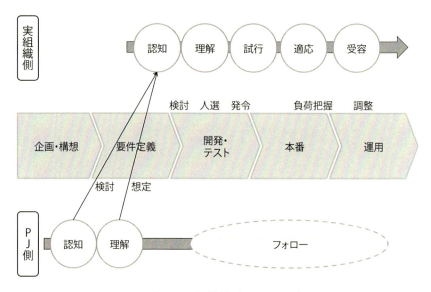

図表6-7　組織検討タイミング

給調整・生産といった組織間の目的、ミッションの摺り合わせです。

　通常、販売組織はプロフィットセンターとして売上に対する責任を持ち、売上最大化と販売機会損失回避がミッションになります。一方、生産や調達組織はコストセンターとしてコスト最小化と納期遵守がミッションになります。需給調整組織は販売組織と生産組織間の調整役としてそれぞれの思いを可能な限り尊重しつつ、主に在庫を中心とした最適化を図ることがミッションになります。

　販売組織は売上を確保するために、極力販売機会の損失を避けるため在庫を多く持ちたがり、そのために販売計画を強めにする傾向があります。一方で生産組織は生産の平準化を行うため、可能な限り長い期間計画の変動を抑えたがる傾向があります。

　数量ベースでの計画の需給調整においても両者の思惑を調整し、合意形成を行う事は大変な労力が必要となります。ましてやS&OPにより数量ベースの計画情報が金額情報に換算され、売上やコストといった販

第6章　プロジェクト推進の壁を乗り越えるコツ

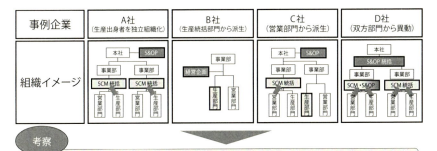

図表6-8　組織検討

売、生産組織のKPIにダイレクトに響く情報となると両者の思惑・主張はより強いものとなり、需給調整の難易度が格段に上がります。数量ベースでは納得できていたものが金額情報を見ることにより計画に対する意識、プレッシャーが変わるのです。

　本書で提唱しているS&OPでは売上やコストといった直接的な金額情報だけではなく、収益・利益視点の重要性を述べています。販売組織、生産組織双方に収益・利益貢献の意識を持たせ、従来の評価指標に加えることが、SCMだけでは困難であった組織間の調整に役立つと考えています。

　しかしながら長年使用されてきている評価指標に新たな評価要素を加える事はそれなりの期間と労力が必要となります。また特に生産組織の方はコストセンターとしての性質上、収益・利益になかなか馴染みにくいところがあります。そのため、経営層の理解がよりいっそう重要となります。

以上の流れで組織間の整合を図ったのち、実際に運営組織を定義・設置していく必要があります。しかしながら組織の決定・配置は組織文化や配置される社員のキャリアに影響することもあり、遅れがちになる傾向があります。よって意識しながらプロジェクト期間中にステップを決めて進める必要があります。特に、プロジェクト体制での検討を実組織へ持込む際には注意が必要です。方向性や形を認知しても理解や試行までは時間がかかります。それなりの権限を持っている方との調整を早め早めに行うことをお勧めします。

　また、複数事業を持っている企業やホールディング会社がある企業においては、S&OP組織とSCM組織をまとめるのか、また、ホールディング側に置くのか否かなども検討が止まりやすいポイントになります。

　現状組織形態と目指す組織形態のギャップを鑑みながら、慎重に進めるべきと言えます。

国内・海外でのレベルギャップ

　"改革する"という思いから、グローバルの拠点の中でも成熟している拠点（日本国内拠点であることが多いと思われます）を中心に考え、その拠点のレベルアップを図り、グローバルの拠点をそのレベルに合わせようとすることが往々にしてあります。4章でも触れましたがグローバルの拠点間では現状レベルに相当の開きがあり、全体的に高度な業務プロセスを目指すと拠点間のレベルの違いが問題になります。

　高度な業務プロセスをグローバル全体で実現しようとする場合、レベルの低い地域・拠点は相当量ストレッチをせねばならず、求められる情報を収集・共有するために多大な工数が必要となり、求められる役割を果たすために必要な人材がいないといった状況に陥ります。加えて、そういった地域では業務プロセス・ITが標準化されておらず、個々人のスキルに依存して実業務が行われていることがほとんどです。

　そういった状況の中で個々人の業務を含めてグローバル化の名目のす

べてを考慮しようとすると、現場業務や業務要件の把握、新業務設計に時間を要します。現状レベルからみて高度な業務を要求された拠点は、日々の業務においてこれまで以上に工数をかけることになり、業務運用の負荷が高まります。

　また、ITにおいても、非常に複雑な機能が必要となりIT構築に必要な工数が肥大化し、プロジェクトの進行に影響を与えます。また稼働した後も個別の特殊要件に対する保守・運用に相当な手間と時間がかかることになります。

　本社や地域統括会社が責任を持って適切なリソースを準備し、各海外拠点が「実現できるレベル」を把握した上でグローバルSCM/S&OPの姿を極力シンプルにデザインすることが重要です。決して現状レベルで良いというわけではありません。

　実行に当たっては本社や地域統括会社が中央で調整していくべきことと、各拠点・現場に任せるべき範囲を明確にした上で、プロジェクト中、プロジェクト後の教育やスキルアップを図り徐々にローカルで実行できるレベルを成長させていくことが重要になります。この両輪を上手く回していくことが、各海外拠点も巻き込んだプロジェクトを成功させる最も大切なポイントになります。

導入展開方法

　多数の事業・商品を持つ会社の場合、新業務と新システム導入について全事業・全地域同時展開ではなく、ステップアップでの順次展開になるケースも多いでしょう。その場合は効果や難易度の大小から初回ターゲットの事業部および地域（スコープ）を決めることになります。

　一方、生産・販売の同一基盤、計画プロセスを目指す場合、販売(販社)視点では、複数事業の商品を扱っているため、順次展開中は、複数のシステムオペレーション、およびコストが発生するという課題にぶつかります。複数のシステムオペレーションについては、販社内でPSIの担

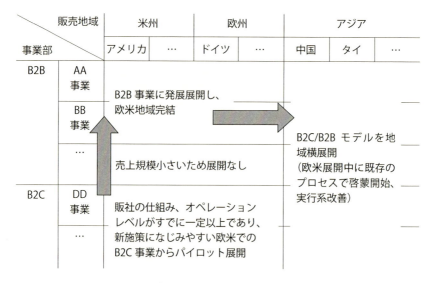

図表6-9　展開計画の観点例

当が商品別に分かれている場合などはそれほど大きな問題になりませんが、導入時の投資とシステムサポートや、ライセンスなどの費用が販社にとって負担となりなす。また、全社的な視点で見て、各々の事業部がそれぞれの製販基盤を使っていると、システム運用費にロスが発生してしまいます。

　これらの課題に対して、2つのアプローチ・観点があります。1つ目は当たり前ですが、展開期間を極力短くすることです。事業と販売地域のマトリクスをどういった順序で埋めると展開期間の短縮に効果的か？を地域や事業（商品）の類似性から検討することです。また、費用対効果を考慮して展開スコープを主要事業・地域に絞るということも有効です。

　2つ目は、コストをどの部門が、どこまで負担するか？についての検討です。全社上げての取り組みの場合、全社PJ戦略費としての負担となるでしょうし、特定事業部の改革機運から発生した取り組みの場合、一定の期間は受益者である事業部が一部販社部分の費用を負担とせざる

を得ないこともあるでしょう。いずれにしても展開に時間がかかるとコスト負担が大きくなりますので、展開計画は十分な練り込みとマネジメント含めた合意が必要になります。

SCM/S&OPの評価の考え方

　SCM/S&OPともに、人による業務である以上、なんらかの評価を組み合わせる事が有効です。しかしながら、通常の人事評価とは異なる為、十分な工夫を要します。主な観点は8つあります（**図表6-10**）。

　いずれも、次の「安定化/定着化」のあとに導入することを推奨しますが、難しい業務となる為に、またそれゆえに検討をしておくことが必要です。準備をしていない企業においては、この業務に関する評価ついて**図表6-11**のような現場の声があがってきます。

　担当メンバーが納得しない場合、業務は思い通りに動きません。十分な検討を必要とします。

　ではどのようにすればよいのでしょうか。組織文化に大きな影響を受けるものである為、事例はそのまま使えるというものではありませんが、大多数の企業はこのような分担になります。サブの指標を持ちつつ、全体の結果はSCM/S&OPを管轄組織が持つことになるのです。よって、前出の8つの観点が必要になるのです。

安定化/定着化の考え方

　改革を実現し効果を創出していくためには新しい業務を定着化させていくことが重要になります。しかしながら、新プロセスを回し始めると下記のような声がよく聞かれます。
- 新しい業務に切り替える必要性がわからない
- 新業務により、やるべきことが増え業務工数、リソースが足りない
- 直近のトラブル対応に精一杯で将来の計画業務に手がまわらない
- ITの使い勝手が悪い

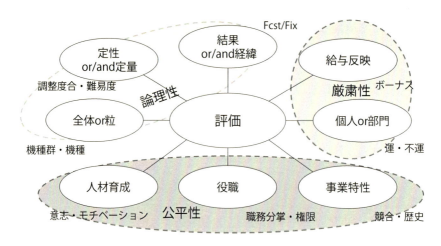

図表6-10　評価の観点

- 新業務や新システムが実態に即していない

　時間をかけて、苦労をしたにもかかわらず、結局有効活用できなかった、ということはSCM/S&OPプロジェクト以外でもよく起こる話です。ではこういったことがなぜ頻発するのか、理由は様々ですが筆者はその主要な原因を下記3点と考えています。
- あるべき姿の目標レベルを高く置きすぎている
- プロジェクトメンバー以外への啓蒙活動の不足
- 定着化のための計画・準備不足

　4章でも述べていますがあるべき姿の目標レベルを高く置きすぎてしまうと業務担当者がついて来ることができず、想定していた運用ができません。また、なんとか業務を回そうとしても、情報収集等に多大な時間と工数を使うことになり、結局長続きしません。プロジェクトの開始前、初期段階の目標レベルの置き方が重要なのは、これまで述べている通りですが、詳細な検討を進めていくうちに、突き詰めていくとここまでやらねばならないといった議論から知らず知らずのうちにハードルを

図表6-11　評価に対する声

上げてしまっていることが往々にしてあります。そのため、各種テーマを検討していく際に、継続的に業務を回せるのかどうかの判断を入れていくべきです。ただし、現状に引っ張られるのではなく、どうすれば業務を実行できるのかという視点を必ず持つことが重要です。

　次にプロジェクトメンバー以外への啓蒙活動についてです。プロジェクトのスケジュールやタスクにはトレーニング期間を設け、プロジェクトメンバー以外にも教育を行うことになります。しかしながらこのトレーニング期間はせいぜい1～2ヶ月間の期間となることが多く、新しい業務のやり方やITの使い方といったいわゆる"How"の部分のトレーニングになり、なぜ変えるのかといった"Why"の部分はトレーニングされません。仮に"Why"の部分を説明するとしても、トレーニングの頭出しのためといった位置づけで簡易的に説明されることになります。

　経営層にプロジェクト参画を依頼するためには、認知⇒理解⇒受容⇒

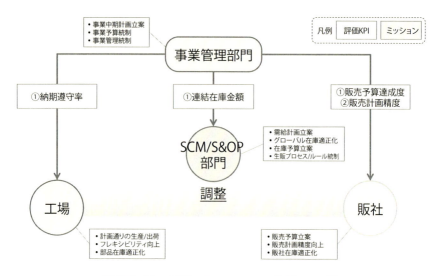

図表6-12　組織のミッション・役割・KPI例

協調⇒内在（腹落ち）の流れが必要であることは先に述べていますが、プロジェクトメンバー以外の業務担当者にも同様の流れで内在（腹落ち）してもらう必要があります。業務の変更、ITの入れ替えには煩雑さが伴うため、意識変更が必要となり、わずか1〜2ヶ月間のトレーニング期間で主要な業務担当者に内在（腹落ち）までもらうのは現実的ではありません。そのためプロジェクトの開始前、直後の初期段階でこれからやろうとしていくことの必要性と想定業務について主要な業務担当者に対して説明、トレーニングを行い、"Why"から"How"のトレーニングまでに十分な時間を確保する事が必要となります。

　最後に定着化のための計画・準備不足についてです。新業務・新システム開始まではプロジェクトタスクがスケジューリングされますが、その後の定着化の計画と準備はおろそかにされがちです。新システムの導入を行っている場合は、稼働後のIT不具合対応のために数ヶ月間のIT要員体制が計画されます。しかし、それはあくまでも安定化対応のためであり、業務的な定着化体制まで含めての計画はあまり行われていない

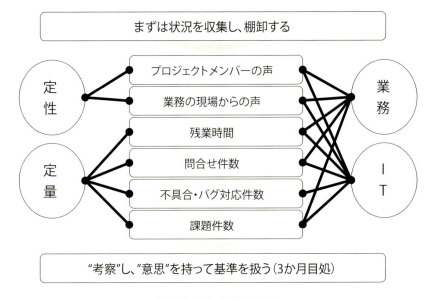

図表6-13　安定化とは

のが実情と思います。当初設定した業務ルール通りに最初から業務が行われ、かつそのルールが完璧であることはまずありません。業務ルール通りに業務が回せているかをモニタリングし、その通り業務が実行されていない場合に何が原因なのかを洗い出し、業務ルールの見直し・改善を含めて継続的に行っていくことそのものが業務定着化なのです。トレーニング期間だけでなく、プロジェクト全般を通じて業務を定着化させることのできる人を育てるという意識とそのための体制作りが定着化のポイントです。

　SCM/S&OPにおける改革プロジェクトは新業務の開始や新システムの導入までがゴールとなってしまうことがよくあります。これらはマイルストーンの1つではありますが、そこからが改革のスタートです。

　図表6-13は、ある企業での安定化の定義を示しています。定性・定量の両面からどのように判断するのかを検討し、測れるものは測り、集めるものは集めて安定したかどうかを見続けています。これが唯一の正

解なのではなく、プロジェクトメンバーをはじめ、関係するステークホルダーとの討議を進めながら次第にまとめていくことを意識し、決める事が肝要です。

プロジェクト体制におけるコミュニケーション

　SCM/S&OPのプロジェクトは社内外の様々な人々が参画し、大きな目標に向かって進むものとなります。それだけに、いざプロジェクトが始まると、いろいろな問題が起きることも実際によくあります。

　よって、プロジェクト体制を作る際、チームの配置とそれぞれへの人員の配置だけでなく、どういったコミュニケーションルートでどういった情報を流すのか、この点に注意が必要です。ベストは4章のプロジェクト企画段階での決定ですが、いざプロジェクトを本格化させる段階で追加でアサインされる方も出てくるのが実際である為、5章の実行段階で都度都度見直すことが現実的かつ混乱を起こさない秘訣であると考えています。

　ある企業でのプロジェクト事例を紹介します。こちらでは経営企画部門・IT部門（子会社）・コンサルタント・海外拠点（販売子会社・生産子会社）等、総勢100名を超える人員が参画しており、どこの誰が今何をしているのかが見えづらくなってきた段階がありました。そのタイミングで改めて関連するメンバーの棚卸を行い、プロジェクトに関係する情報伝達の流れを整理しています。

　プロジェクトが進むにつれ、各メンバー自身の持つ情報やタスクのみに目が行きがちとなる為、連携が弱まり、互いに勝手な想像による不信感を持つこともあります。そういったことを回避する為にも、情報の流れを整理しなおす、また、時折見直すことは大事です。

　また、プロジェクトを企画する部署とプロジェクトを実行する部署が異なるという場合も実際に起こりえます。例えば前者は経営企画部で後者は事業部といった場合や、システム導入を絡めたプロジェクトとする

第6章　プロジェクト推進の壁を乗り越えるコツ

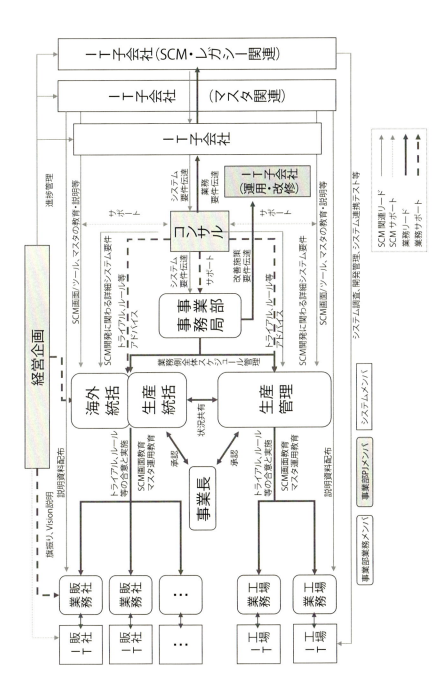

図表6-14　コミュニケーションルートの例

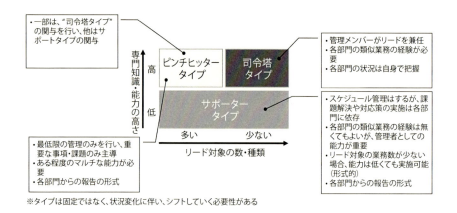

図表6-15　統括組織のタイプ

為に、前者は経営企画部で後者はIT部門といった例があります。

いずれにしろ、前者も後者もプロジェクトには関与します。大事なのはそれぞれの段階でどの部署がどのレベルでリードを行うのかという定義です。このリードのタイプは3つに分けられます（**図表6-15**）。

計画に用いる情報の定義違い

言うまでもなく、グローバルに展開している企業であれば、グローバルに同じ定義の情報を使うことが必要になります。しかしながら現実には業務プロセスやルール、現行システムの仕様などにより、言葉としては同じでも意味が異なっている情報が多々存在します。むしろ、このような課題は発生すると思って取り組んだ方が自然です。

こういったものを放置していると、いざ作った業務プロセスやシステムがうまく回りません。筆者の経験では、プロジェクト当初に全世界で既に統一されていたという例を見たことがありません。たとえ同じERPシステムを全世界で導入していたとしても、です。それくらい、計画系の業務と言うのはあやふやなものなのです。

例えば、「在庫」と言った場合に何を意味しているのか。とある販社

第6章 プロジェクト推進の壁を乗り越えるコツ

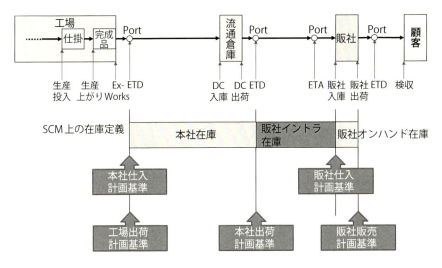

図表6-16　計画基準の定義

では利用可能な出荷向けの手持ち在庫を言っている場合でも、別の販社では不良在庫を含む手持ち在庫すべてを指していたり、さらに別の販社では工場出荷済の輸送中在庫までを含んでいたりもします。これはいずれも間違いではないのです。それぞれの地域や担当の業務ではそれで今まで業務が回っているのですから、否定するものでもありません。

　大事なのは、今後進めようとしている改革プロジェクトではどういう意味で使い、その定義や基準をどのように決め、どう周知するかということなのです。場合によっては、業務ルールやプロセスといったものだけではなく、既存システムの改修を伴うために費用がかさむ場合もあります。

　商品やそのグループといった階層を含むマスタデータだけでなく、在庫や出荷と言ったトランザクションデータの定義、さらには取引先や得意先といった企業レベルの情報まで棚卸し、定義・整理しておきましょう。

6章まとめ

　本章ではSCM/S&OPに必要な検討テーマと、実現の壁を紹介しました。検討を進め、深い議論を重ねていくと枝葉の部分や個別特殊業務にこだわり過ぎたり、組織をまたいだ関係者間の意見の対立、思惑の違いが明確になり、議論がなかなか進まなくなります。こういったわだかまりを抱えたまま、プロジェクトを進めると新業務・新システムの運用の開始後も関係者間の思惑の違いから筋の通った計画数値になりません。

　S&OPは経営層を巻き込んだプロセスであり、経営層の意思と管理層・現場層の状況、問題を相互に伝えるための仕組みです。新業務を開始後に経営層に参画してもらうだけではなく、検討段階から経営層に課題の報告、意思入れをしてもらい関係者間の方向性を合わせていく必要があります。S&OPプロセスは検討段階から既に始まっているのです。

ゲームでもベテランは若手に圧勝するのか？

ここ2～3年SCM/S&OPの体感を目的としたゲームを実施しています。

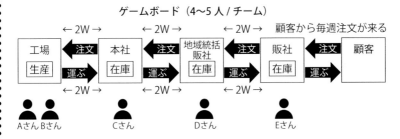

- 1チームは工場、本社、地域統括販社、販社4つから構成するグループ企業
- 各人が各拠点に分かれて、毎週　受注、出荷、発注（生産）を繰り返す（ゲーム中のチーム内コミュニケーションは不可）
- 毎週発生する受注残費用（ペナルティー）や製造量に応じて変動する工場製造原価、顧客向け売上とのバランスをいかにうまくコントロールするかをチーム別に競う

いざ始めてみると、各拠点の多めな発注で在庫増を招いたり、リードタイムの考慮が不足したりで混乱に陥るチームもあれば、各人が需要変動に動じすぎず淡々とこなし上手にコントロールするチームもいます。あえてベテランと若手を分けたチーム構成で開催した時は、見事ベテランチームが優勝しました。「現実の世界では極力避けたい課題がなぜ起こるのか体感できた」、「数量と金額を両方鑑みる意味をわかりやすく学べた」、「とにかく盛り上がった」といったコメントをいただいています。

このゲームはMITスローン経営大学院の教授が考案した「ビールゲーム」に我々で独自要素を加えたものです。ゲームを通じた学習は飽きずに取り組めますので、皆さんの会社でも是非活用いただければと思います。

Memo

第7章

SCM/S&OP業務を支えるIT

1 SCM/S&OPプロジェクトにおけるITの必要性

　事例企業や前章までのようなSCM/S&OPの改革を行う場合、業務側には厳しい時間制約の中で質の高い判断が求められます。できるだけルーチンワークや単純作業を省き、判断を要す業務の為に時間を割くことが必要となるのです。
　ITが寄与できるポイントは下記が代表的です。

- グローバルで散らばっている多拠点の販売・在庫・調達・生産といった各種実績などの情報収集を自動的に行うこと
- 大量データの単純な足し算・引き算といった計算部分を行い、将来の推移やKPIをユーザーに見せること
- あらかじめ決められた閾値を元に、ユーザーが確認すべき重要な事項をお知らせし、判断を促すこと
- 操作しやすいインタフェースを提供し、ストレスなく色々な事象を想定したシミュレーションを行うこと

　上記はいずれも、ITが何かを判断しているわけではなく、業務ユーザーの作業を手助けしている程度です。経験上、これからのSCM/S&OPに難解なロジックは必要ではありません。逆に、難解なロジックを持たせることが大きな誤解や使い勝手の悪さを生むことにつながり、せっかくの道具を使いこなさないまま廃らせてしまう要因ともなります。
　2000年頃のSCMブームの際、ユーザーから以下のようなことをよく聞かれました。

- 処理が難解すぎて理解に苦しむ
- ユーザビリティが悪く、結局Excelで補わざるを得ない
- パッケージには機能が多いが、結局使わない機能が多い

第7章 SCM/S&OP業務を支えるIT

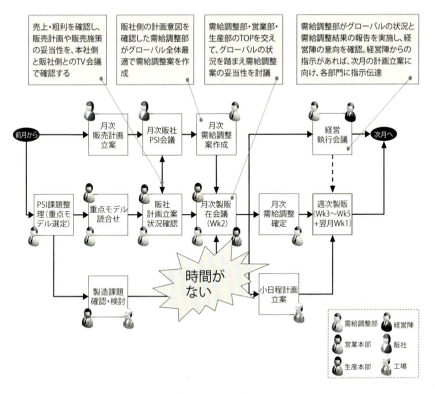

図表7-1　ITの必要性

　そして結果的に使わなくなっている場合が多く見られます。ただしこれは要件を出したユーザーが悪いわけではなく、そもそも、ITへの期待が大きすぎであったことが問題であり、パッケージベンダーが悪かったということでもありません。互いに目指すべき方向は一致していたがハードルが高かったということに起因します。
　今後は過去の経験を踏まえ、まずITに期待すること、もしくはITがサポートできることを再整理し、その後に選定・導入すべきです。

2　ITの切り分け

S&OPに興味のある企業の方から、既に普及しているBI（Business Intelligence）・SCP（Supply Chain Planning）・ERP（Enterprise Resource Planning）との違いや関係について教えてほしいという質問を受けることがあります。

まずそれぞれの特徴について述べていきます。

◆BI・・・過去の実績を明らかにするもの。目的や用途によりデータの集計単位・軸をフレキシブルに変えられるのが特徴。それを叶える為、数量と金額両方の情報を幅広く備えている。ただし、事前に取り込まれた情報を可視化するものであり、数値を変えてシミュレーションすることはできない。事前設定のパラメータを選択して表現を変えたり、軸の変更などによる見え方を変えるということがメインのツールである。

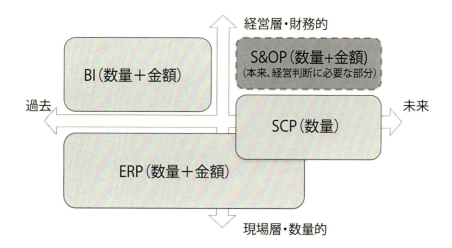

図表7-2　IT範囲の切り分け

◆S&OP・・・過去＋計画情報から将来の状況を数量、金額で可視化する。あくまでも需給に関わるものが中心となるため、BIよりもデータのバリエーションという意味では限定されるが、ユーザーが数値を変えて将来の状況をシミュレーションする機能が含まれることが最大の特徴である。

◆SCP・・・将来の期間において、いつどれだけのモノが出荷されるのかを販売計画として数量で見込み、それに合わせた調達・生産の計画を立てるもの。グローバルに展開している企業の様々な拠点の情報を連携し、整合を図ることが特徴である。これもユーザーが数値を変えてシミュレーションすることが可能である。

◆ERP・・・会計・人事・物流・購買・生産・販売といった企業の基幹となる仕組みを実現する。様々な情報を大福帳として一元管理するという点に特徴があり、導入にはパッケージに合わせた業務改革を伴う。

　BI・SCP・ERPとの関係については、S&OPは未来の金額的見込みを立てる機能を有するという意味で、いずれも網羅できなかった領域を補完する役割を果たします。S&OPは各機能とのデータ上の関連性も強いことから、S&OPがより有用的な活用を目指すことで機能間連携を強化しデータ精度、粒度、鮮度を高める動きも果たします。
　各領域がそれぞれに関わりを持ち、かつ企業によってはある領域が他の領域を包含する場合もあるため、非常に混乱しやすいと言えます。BIとS&OPの違いは特に混乱しがちです。まずは言葉の定義を理解し、現状のシステム構成とも照らし合わせながら整理を行うことを推奨します。この図を頭に浮かべながら、会議などでの検討を進めると混乱が避けられるので、活用してみてください。

3 SCM/S&OP専門パッケージソフトの活用

　SCM/S&OPに関するパッケージソリューションはニーズの高まりを受け、多種多様なものが出ています。インターネットでWeb検索を行うとあまりの数に戸惑うと思われます。SCM/S&OPはグローバルで使われるものである為、グローバル視点で把握することが望ましく、またパッケージソフトには作られた背景があることを念頭に置くべきです。選択を間違った場合に大きな失敗を招くということにもつながるため、慎重に行うべきです。

　投資コストや時間的な制約を取り払った場合、最も安全な方法はまずは自社で配布しているパソコンに入っている表計算ソフトで特定の製品群を、手作業で試す事です。新しい業務ルール・プロセス・サイクルに則ってどのようなことが起きるのかを体感し、それからパッケージに対する期待値をまとめます。ロジックによる自動最適化を目指さない場合はこういった活動による体感は非常に重要となります。

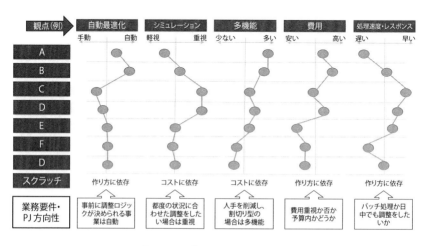

図表7-3　パッケージソフト比較

第7章　SCM/S&OP業務を支えるIT

	スクラッチ開発	SCMパッケージ導入
Q：品質	〈メリット〉 自社の業務に合わせた自由なシステム構築が可能 〈デメリット〉 機能設計に、多くの時間と計算ロジックを含めたノウハウが必要であり、稼働実績も無いため、品質確保が難しい	〈メリット〉 完成された商品であり、基本は導入実績があるため、品質は高い 〈デメリット〉 機能追加やカスタマイズにより、開発が必要となった場合は、その機能において、スクラッチ開発と同等以上の品質確保が必要
C：コスト	〈メリット〉 基本的にライセンス料は不要 ※ランニングコストが比較的安価 〈デメリット〉 設計工数や開発・テスト工数が非常に多くなり、一次費用が高額	〈メリット〉 すでに開発が終わっている為、設計工数や開発&テスト工数が削減可能 〈デメリット〉 ライセンス料や保守料が非常に高額な場合が多い　※ランニングコストが高い
D：納期	〈メリット〉 自社に必要な機能のみに絞って開発を行えるため、短期間での構築も可能 〈デメリット〉 開発は納期遅延が起きやすく、結果的に品質にも影響を与えることがある	〈メリット〉 完成している商品であり、導入実績もあるため、比較的容易に計画通りの導入が可能 〈デメリット〉 機能追加やカスタマイズを行う事で、開発・テストが必要となり導入期間が長くなる

図表7-4　「スクラッチ開発」と「パッケージ導入」比較

　一方、機能面だけではなくライセンス体系やインフラ面での注意も必要です。これらも多様化が進んでおり、かつ、世の中のクラウド化の流れに影響を受けています。サブスクリプション体系のライセンスやクラウドでの機能提供の流れが強くみられます。これは企業にとっては朗報であり、環境変化に合わせてITによるサポート内容を変化させるということが可能となるのです。この面からも、読めない10年先へのつなぎ方というものをイメージしておくことが望ましいと言えます。

　また、スクラッチ開発かパッケージ開発かという観点も見ておく必要があります（**図表7-4**）。

　筆者の経験から、スクラッチ開発を選択する企業は極めて少数派と言えます。これは後々の保守運用体制の維持や変化対応という2点に起因していると思われます。ERPなどとは違い、あまりにも変化が激しい業務で使われるものである為、スクラッチで個別開発した場合は改造が難しく、そもそも維持すること自体に難易度を感じる場合が多く見られ

図表7-5　S&OPツールのチェックポイント

るのです。

　SCM/S&OP専門パッケージソフトウェアは、登場しては消えるということが繰り返されてきましたが、その中で王道になりつつあるものがあります。海外のパッケージソフトですが、ITの必要性、のパートで述べた通り、過度な機能を乗せ過ぎず、計画系業務の本当の肝になる人の判断とその為に必要なシナリオの保持やレスポンスの良いシミュレーション機能に特化したものです。これは非常によくできています。選択に迷ったら、もしくは選択を始める前に、デモンストレーションを依頼してみてください。実物を見ると業務イメージも湧くので良いと思います。システムの進化が業務イメージを沸かせたり膨らませたりすることも、現実として多々あるのです。ただし、デモンストレーションを見る際は、注意が必要です。基本的に機能に関しては動くものが見られます。その背景や機能だけではわからないパッケージベンダーの思想や方向性が自社の業務の方向性にあっているのか、また、将来の拡張性は、といった点にまで意識を向けておくとより有効になります。

　また、パッケージソフトの活用に関しては導入後の保守運用体制についての検討を忘れないでいただきたいのです。SCM/S&OPのパッケージソフトは、王道のものができつつあるとはいえ、日々移り変わってい

きます。ERPパッケージのように、定番になりづらいのです。よって、パッケージソフトを提供している企業、パッケージソフトの設定やカスタマイズ、またアドオンと呼ばれる追加開発を行っている企業、それらの下支えとなるハードウェアを提供する企業、など様々な企業が絡みます。これは変わり続けるSCM/S&OPの業務を支えるITの維持・運用に大きく影響を及ぼします。

最後に、今後のS&OPパッケージソフトを選択する際の大きなチェックポイントを紹介します。本書で述べてきたS&OPの特徴を活かすには、連携・視覚・比較の3つを確認します。忘れがちなのが2つ目の視覚です。S&OPは経営層にも見てもらう可能性があるものとなります。ある時点では決まった形での表現をしていても、その見方が永遠に続くことはありません。また、経営層の観点は変わりやすいものと捉えておく必要があります。よって、特別な投資をせずとも簡単に見た目を変えられるものが意外と長く使えるものとなります。

スモールスタートする際のパッケージソフトの扱い

業務的な障壁やプロジェクトを起こした後の進め方における障壁は、スモールスタートで回避できる場合が多いと述べてきました。これがSCM/S&OPにおけるパッケージソフトの活用になると一転、障壁となるケースが増えてきました。スモールスタートするということはすなわち改革が緩やかに進められるということであり、大きなIT投資を伴うパッケージソフトの導入と逆行するためです。

そういった場合、このような質問や意見がよく見られます。
- Excelなどの表計算ソフトではなぜダメなのか？
- 社内ネットワーク上の共有フォルダに置かれた共有ファイルと何が違うのか？
- 表計算のソフトであれば慣れている上に追加コストが不要である

もっともな意見であり、パッケージソフトの活用が目的ではありませ

んから、そう感じることは間違っていません。ただし、下記リスクが存在し続けます。ここは認識しておくべきです。より大量に、より広い範囲で使う場合は、大きいリスクになると思います。

- 最新のものがどれなのか、わかりづらい（ルールの徹底と運用が必要）
- 壊れた場合に元に戻らないリスクが大きい（バックアップなどの策が必要）
- 特に大量データの場合にレスポンスが次第に遅くなる（定期的に過去の不要なデータを削除する必要）

また、パッケージソフトを活用することにより、業務改革をせねばという意識が芽生えやすくなることは、我々の実経験から言えることの1つです。

4 導入の際に直面するIT的な壁

　導入の際、問題となりやすい点がいくつか挙げられます。
- 収集した実績情報の精度が悪い
- 当初想定よりも画面数が増え、工数が膨らんだ
- ユーザーの要件が変わりやすく、仕様がなかなか決まらない

　特に注意すべき観点としては、仕様の確定です。人間の感覚値に影響を受ける部分が多い為にぶれやすいのです。当然と言えば当然ですが、仕様を確定せねばならない情報システム側のメンバーにとっては悩ましい点となります。このような時にこそ、事例が活きます。ある事項を判断する為の画面などは、おのずと決まってきます。それを使っている事例を活用し、誘導するのです。その後に自社要件を検討し、まずは最低限のものからITへの実装を始めることが有効です。

　また、実績情報の精度についても問題となりがちです。これを避ける為にERPなどの実行系システムの刷新やバージョンアップ、もしくは追加開発を優先する企業も存在します。

　しかしこの活動は時間を要すものが多く、経営層が考えている変革スピードを落としかねないのです。計画系領域への取り組みを急ぎ、不良点を速く明るみにだし、その後、精度が悪い実行系領域の改善をする方が圧倒的に速くなります。弊社のクライアントでもこの手段を取っている企業がほとんどです。

　いずれにしろ、導入の際に問題となりやすい点については必ず内部で事前に十分な議論を行い、取り組みを開始することを推奨します。

オンプレミスかクラウドか

　かつて、日本企業ではセキュリティの観点からの不安から、欧米企業に比べ、クラウドのシステムに関する取り組みが遅れていました。しか

しここ数年でかなりの企業がクラウドに関する理解を深め、SCMに限らず様々な仕組みをクラウドで利用しています。オンプレミス（自社内にサーバを設置し運用する方式）に比べ、SCMに関するソフトウェアにはいくつか注意点があるのでまとめておきます。

- 定期的にメンテナンスなどで使えない時間が存在する
- 機能がアップデートされた際に採用・不採用が選べるものと選べないものがある
- 追加機能を開発する場合に自由にできない範囲が広い場合がある
- マルチテナントかシングルテナントかにより、他社の環境や使い方に影響を受けることがある

いずれもソフトウェアベンダーの考えに依存する為、導入の際には確認しておくことを推奨します。また、いったん確認したあとでも、数年後にポリシーを変えている場合がある為、定期的な確認が必要となります。

　ERPシステムなどと違う点としては、SCMに関するものは24時間365日の稼働を必須としないという点が挙げられます。パフォーマンスも、業務サイクルが緩やかであったり限定的である場合はさほど問題にならない場合があります。SOX（内部統制）で自社ではどういう扱いになるのかも確認しておいた方がよいでしょう。

　一度、自社の他のシステムではどのような方式を取っているのかを把握しておき、SCMではどのようにするのかをプロジェクトの早期の段階でイメージしておくとよいと思います。

アジャイル開発と設計文書などの整備

　一概には言えませんが、アジャイル開発を採用した場合に、システムに関する設計文書やマニュアル類が手薄になる場合があります。これは、ウォーターフォール型の開発ではいったん設計したものをきっちりと後続のフェーズに繋げる必要がある為に必要な区切りがない上に、

ユーザーの声を聞いてどんどんと開発を進めていくことが背景にあります。なかなか最終形にならない為に文書系が後回しになりがちなのです。いったん作ったものをメンテナンスするよりも、稼働などの区切りの段階までまとめて文書化する方が効率が良いという意見にも一理あります。

しかしながら、この方法を取った際にプロジェクトでは問題が起きやすくなります。具体的には以下のようなものです。

- 要件や要望を言ったものが実機に反映されているか明確に追いにくくなる
- さらなる改善の為の開発を行う際、実機を見てひも解く必要が増す
- 外部業者に依頼することやその工数の見積があやふやとなり、揉める火種となりやすい
- SCM用のパッケージソフトはアジャイルであっても、周辺システムとのインタフェースはそうはいかない
- オフショア開発の手法を取っている際、依頼済/未依頼がクロスする為に最新が把握しづらい
- プロトタイプでのシステム実装と本番用のシステム実装機能の仕様差が不明確となる

よって弊社では、プロトタイプの設定やその後の本格仕様などの区切りをあえて設け、確実に文書化する方法を取っています。多少手間がかかりますが、後々を考えるとそちらの方がプロジェクト管理的にリスク回避になると捉えています。

パッケージとスクラッチの間

以上、パッケージの活用について述べてきましたが、新しい潮流が生まれています。考え方としてはパッケージソフトとスクラッチ開発の間を取るというものです。1つの考え方として確実に伸びてきており、弊社でも事例があるため、紹介します。

パッケージソフトとスクラッチ開発の良し悪しはのべました。間を取るとはどういうことでしょうか。
　前述のパッケージソフトは、SCM/S&OPの業務のみを対象とした、専門的なパッケージソフトです。これに対し、計画業務全般を対象とした、パッケージソフトがいくつか登場しています。厳密には異なりますが、表計算ソフトのクラウド版ととらえるとまずはわかりやすいものです。これを使うメリットには下記のものがあります。
- パッケージソフトにあわせるというのではなく、機能を作り上げるため業務ユーザーが受け入れやすい
- 個々人のパソコン内にある表計算ソフトに存在する安定性やレスポンスなどのリスクは回避できる
- 一部の機能からの段階的リリースがしやすい
- パッケージソフトでは対象スコープ外の業務にまで活用を広げられる
- 情報システム部員が技術を習得しやすく自社での運用がしやすい
- SCM/S&OPだけでなく、経営管理などの業務ともつなぎやすくなる

　なお、ゼロから作り上げることは開発工数の観点や効率、そしてプロジェクトの期間に影響が大きい為、弊社ではひな形を保持しておりそれを元に導入を行っています。

　良い点ばかりのように思えますが、ただし、大きな注意点があります。
- 業務改革の意識が芽生えにくく、本来の目的達成までの距離を強く意識する必要がある
- 開発が容易にできてしまうため、機能やアプリケーションが乱立しやすい
- 先の姿よりも目の前の声を優先し、全体最適な仕組みを目指す意識が育ちにくい
- 自動的に生産の負荷平準を行ったり、供給量の割り付けを行ったりす

る為のエンジンは存在しない

結果的に専用パッケージソフトよりも肥大するなどの可能性がある為、プロジェクト管理のスキルが重要となる

なお、専用パッケージソフトとの共用も考えられます。例えば大きな販売会社には専用パッケージを、小さなもしくは立上期の拠点にはこういったソフトウェアをという具合です。前述のスモールスタートにも有効と言えます。

将来的に専用パッケージに移行する可能性も踏まえ、まずは活動を始めるといった意識で使われるとよいかと思います。

新しいIT技術の活用

AIやBigData、IoTなど様々なIT技術が発展してきており、SCM/S&OPにも活用ができないかとの期待が高まっています。

新しい技術の活用の前に、筆者が実感しているSCM関連パッケージ導入企業のその後のITに関する課題を列挙してみましょう。

- いったん決めたマスタの設定値を十分にメンテナンスできておらず、実態と乖離している（リードタイムや在庫設定基準値など）
- 業務ユーザーが運用でカバーすることになっている、需要予測モデルの見直しが定期的に行われておらず、予測値と実績が乖離している

これらは例ですが、実はこのあたりにAI等の活用のヒントがあります。要は、いったん決めたものの見直しが運用を続ける間にすたれていき、本来の業務品質を阻害することが多々見られます。こういった観点でのAI活用やBigData活用が考えられており、いくつかのSCM用のパッケージソフトでは機能として実装され始めています。

また、別の観点で、過去のSCM改革プロジェクトでシステム化を見送ったものについて考えるというものがあります。

- 設備機器の設置後の稼働時間や状況を営業部隊が把握し、保守パーツの予測に繋げているが人手作業となっている

- 生産ラインの制約情報が"ラフカット"の名目の前にざっくりしたもののままであり、より正しく設定されるものになっていない

　これも例ではありますが、距離があったり契約条項により本当は使えるデータや情報が本来の目的で使われ切っていない場合があります。これはIoTやセンサー技術などと連携させ、SCMへのインプットとして活用することが見込まれています。

　以上より、筆者の推奨としては、ここもまずは過去の取り組みや現状の棚卸を行い、そこへの活用方法を検討するべきだということになります。実際にいただく声としてはもっと新しい何かをというものが多く見られますが、その前に現状の目の前にある課題やムリムラムダをカバーするための観点を持っていただきたいということが正直な感想です。

人材育成、ベテランからの伝承にITを使う

　SCMに関わっていると、ベテランの匠の技というトーンをよく耳にします。誰それが調整をすると欠品を起こさず在庫過多も起こさない、というような評判があったりしませんか？

　実はここに、ITが活用できますし、すべきだと強く感じます。

　勘ピュータ、とも呼ばれてきたものですが、説明がうまくできなくてもそこには経験に裏付けられたロジカルな部分があります。それをできるだけひも解き、業務ルールとシステムロジックに分解するのです。

　SCM/S&OPプロジェクトを進めていく途中の業務要件定義段階で、業務改革要素や業務ルールの定義やプロセスなどを決めていく際、どこまでをシステム化して省人化して効率化するのかに悩まれると思います。ロジックにできる部分はシステム化していく考えでよいはずです。そしてそこからは、合うパッケージソフトなりを探して実現するという手順です。

　一方、ロジックにできない部分でも考え方のパターンや基準などが文書化できるのであれば、それは業務ルールとしてまずは明確にします。

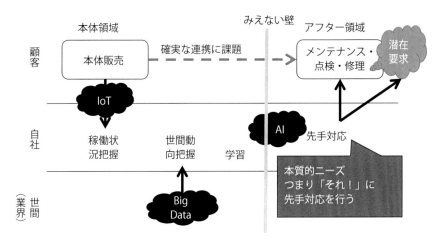

図表7-6　IoT、AIの活用想定（例）

勿論、新業務の運用開始後の定期的な見直しは必須です。

これを行うことで、永年にわたって経験を積まれてきたベテランからの技術・スキル・ノウハウ伝承を進めることができます。少なくとも、現状のままで流れていくよりは効果的にできるはずです。

需給業務は購買・生産・物流・販売＋会計という幅広い知識に加え、マーケティングの感覚や各部署との人のつながりを上手にするという人的要素までも必要になります。万人にできるわけではない業務であり、伝承にはかなりの難易度を伴うはずです。今後ますますの競争激化や不確定要素の増加が想定される中で、AIに置き換えられづらい人的リソースの育成として、真剣に取り組むべき時代に来ていると思います。

モノづくりに関する技術伝承だけでなく、こういった業務に関わる伝承も、プロジェクトをいい機会としてとらえ、取り組むことを推奨します。

7章まとめ

　ITのサポートに関しては、本書で述べた他にも様々な情報や注意点があります。繰り返しになりますが、変わりやすく、かつ、わかりづらい点に注意し、情報収集を行ってもらいたいと思います。

　SCM/S&OPは事例をそのまま用いることが難しいものであることは書かせていただきましたが、しかしながら最低限の部分のテンプレートやその上に乗せるパーツ群は参考になると思います。弊社ではそういったものをアセット（業務・システム双方の検討材料やサンプル集）を保持していますので、そういったものも検討の呼び水として有効であり、参考にしてください。

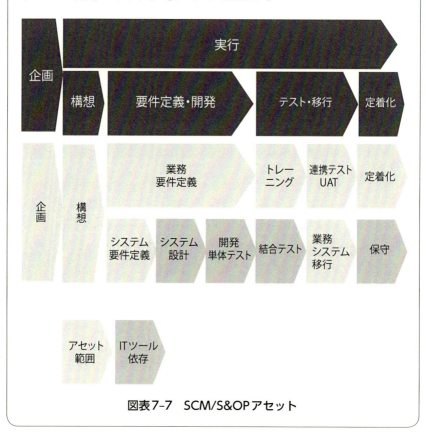

図表7-7　SCM/S&OPアセット

おわりに

弊社のお客様からプロジェクト終了後のご感想をいただいています。

・A社（光学機器）
〈経験値の活用〉
- 基幹システム構築プロジェクトのLesson & Learnが効いた
  ただし、稼働後の販社フォローは不足感あり
- ERP構築は当たり前のことをやるので変革意識はあまり出ないが、SCM構築は変革も大きく、意識レベルが異なった

〈まず始める勇気から来る実感〉
- ステップが上がって、初めて見えることがある
- 在庫は結果であり、下記の影響を強く受けることを実感した
  ①オペレーションの基盤固め
  ②市場・経営の圧力
- 「グローバル」として初めてのプロジェクトであり、そういった意味も大きかった
- 反省点としては現地システムの理解不足
- 一事が万事で、海外のことがわからない状況であったが、文化レベルでつながった感覚がある

〈システム構築の観点〉
- SCMパッケージに色々と乗せ過ぎなかった為、不具合関連は少なかった
- ITと業務が近いプロジェクトであった。PJ体制の構築に力を割き、組合せを考えたことが幸いした
- 専任を強く推奨しアサインしたことも大きかった

〈外部リソース・コンサルタントの活用〉
- コンサルとの付き合い方として、丸投げするかどうかがポイントであ

り本プロジェクトではよい塩梅だったと思う

・B社（オフィス機器）
〈業務品質の観点〉
- 見えないことから、見える＋原因分析が可能になったことが大きい

〈社員の意識〉
- 金額視点で物事を考える意識が向上した
- マネジメント観点と現場観点の関係性の理解が進んだ
- 逆の要素として、予算に関する意識も高まったため、必達の為の逆ブルウィップには注意したい

〈各所との連携について〉
- 情報が繋がったため、逆に業務的な連携が薄いことが浮き彫りになった。今後の継続した強化が必要

〈育成の観点〉
- 数量と金額のバランス感覚の育成の難易度を実感した
- 幅広いSCM全般の知識やスキルの向上の取り組みをせねばならない
- 個々人のキャリアと組織としての期待の繋がりを考えねばならない

〈コンサルタントの活用〉
- 自社の暗黙知を形式知化（文書化）するのに役立った
- 自社だけではつい先送りにしがちな課題に対し、対峙するような厳しい態度は有効
- 経営と現場、業務とシステムといった橋渡し部分で助かった
- 他社事例からの学び（プラスマイナス双方）や検討テーマのたたき台が有効であった
- 自社工数不足の穴埋めとしても有効であった

・C社（ヘルスケア機器）
〈業務品質の観点〉

- 先々の計画を見据えた業務ができるようになった

〈組織役割権限の変更に関して〉
- 販売会社の本来の業務である販売計画の入力に注力するのは、想像以上に気が楽だった（過去は仕入計画まで事細かに見ていたが、プロジェクトによりそこは本社機能の役割となった）

〈IT活用の実感〉
- 1つの画面で知りたい状況をすべて見られることは画期的

〈IT化の難しさ〉
- マスタや実績情報の精度向上は難しい
- 決めた業務ルールに正しく則った実績情報のインプットが肝であると実感した

〈パッケージの選択〉
- 大手パッケージではないものを選択し、自社要素を入れることができた。立上としては非常にうまくいったが、しかしながら逆に改革部分が弱まった感もある為、注意点も大きい。今後の活動を通じて見直していきたいと思う

　弊社クライアント企業のうち、抜粋した3社のみですが、他のクライアントからも同様の感触をいただいています。必ず聞くのが、「始めてからわかることが多い」ということです。そして、「考える時間が増えた」・「考える質が上がった」という意見も増えています。

　1章に書かせていただいた通り、本書にあるSCM/S&OPという計画系領域に関しては、イメージしづらい、または実感しづらい部分が多々存在します。それ故に、社外の事例やコンサルタントの声を聞きながら、まずは小さい活動であっても、取り組みを始められることを推奨します。

　そして、SCM/S&OPの取り組みは継続すべきという声もよく聞きます。いったん想定し、改革し、実行していても、周辺の環境変化に合わ

せて変え続けねばならないのです。

　全く別の観点として、海外ではステークホルダー向けに、非財務情報の開示を行う国際統合報告（http://www.theiirc.org/）という動きが加速していると聞きます。企業の利益確保だけでなく、その見通しやその裏付けをステークホルダーに開示することが投資を促すと考えられるため、この重要性が増すと考えられ、S&OPは有効な手段であるという動きも存在します。

　企業の収益性を過去や直近だけではなく、未来の期間においても確保できるよう、本書を活用いただければ幸いです。

【引用文献】

2011年版ものづくり白書、http://www.meti.go.jp/report/whitepaper/mono/2011/、経済産業省、2章、図表2-9　サムスンと日本企業の半導体関連投資額比

2013年度版ものづくり白書、http://www.meti.go.jp/report/whitepaper/mono/2013/、経済産業省、2章、図表2-10　次回モデルチェンジまでの平均年数、図表2-13　主要EMS/ODM業績推移

2016年度版ものづくり白書、http://www.meti.go.jp/report/whitepaper/mono/2016/、経済産業省、2章、図表2-11　業種10年前のライフサイクルとの比較

2017年度版ものづくり白書、http://www.meti.go.jp/report/whitepaper/mono/2017/、経済産業省、2章、図表2-8　年度別企業規模別設備投資見通し、図表2-14　日本・中国・ASEAN間の拠点の移管パターン図

平成29年度企業行動に関するアンケート調査、http://www.esri.cao.go.jp/jp/stat/ank/menu_ank.html、内閣府 経済社会総合研究所、2章、図表2-15　海外現地生産比率を増加・減少させる企業の割合（製造業）

【参考文献】

EMSビジネス革命—グローバル製造企業への戦略シナリオ、原田保、日科技連出版社、2001年

Sales & Operations Planning - Standard System、Christopher D. Gray、Trafford Publishing、2007年

S&OP入門—グローバル競争に勝ち抜くための7つのパワー、松原恭司郎、日刊工業新聞社、2009年

Sales & Operations Planning - Best Practices、Jhon Dougherty & Christopher D. Gray、Trafford Publishing、2006年

【著者略歴】

○笹川　亮平（ささかわ　りょうへい）
株式会社クニエ　パートナー
国内システムインテグレーター、外資系コンサルティングファームを経てクニエに入社。一貫して製造業のSCM/S&OP関連プロジェクトに取り組み、生産管理、在庫管理、需給管理を中心としたSCM/S&OP業務改革、ERP/SCP構想策定および導入コンサルティングに従事。ハイテク機器、自動車、自動車部品、日用品、等組み立て系、プロセス系製造業の企画構想から定着化まで地道な改善活動にも支援実績多数。

○石垣　嘉文（いしがき　よしふみ）
株式会社クニエ　プリンシパル
国内電子機器メーカー、システムインテグレーターを経てクニエに入社。
電機・特機・非鉄・石油・医療機器・化学・飲料など幅広い産業において、主に販売・製造・購買・物流部門の業務改革・プロセス改善やERP/SCMの導入プロジェクトに従事。

【執筆協力】

○松田　旭一（まつだ　あきかず）／吉岡　禎史（よしおか　ただし）
株式会社クニエ　SCMチーム

"数"の管理から"利益"の管理へ
S&OPで儲かるSCMを創る！　第2版　　　　NDC 509

定価はカバーに表示されております。

2014年10月30日　初版1刷発行
2016年11月30日　初版2刷発行
2018年10月30日　第2版1刷発行
2024年10月25日　第2版7刷発行

Ⓒ編著者　　㈱クニエ　SCMチーム
　発行者　　井　水　治　博
　発行所　　日刊工業新聞社

〒103-8548　東京都中央区日本橋小網町14-1
電話　書籍編集部　03 (5644) 7490
　　　販売・管理部　03 (5644) 7403
　　　FAX　　　　　03 (5644) 7400
振替口座　00190-2-186076
URL　　　https://pub.nikkan.co.jp
e-mail　　info_shuppan@nikkan.tech

印刷・製本　新日本印刷㈱ (POD6)

落丁・乱丁本はお取替えいたします。　　2018 Printed in Japan
ISBN 978-4-526-07887-3
本書の無断複写は、著作権法上での例外を除き禁じられています。